學術思想遺稿

出版說明

錢穆賓四先生，生前爲促進今日國人對我中華傳統文化之認識，曾計劃將其著作分類編爲「小論叢」，以便利青年學子之閱讀。今素書樓文教基金會乃遵先生遺意，將先生著作分類選輯，以聯經出版公司之全集本爲底本，重排出版。中國學術小叢書一套，包括國學概論、中國學術通義、現代中國學術論衡、學籥、學術思想遺稿、經學大要六書。

國學概論一書，乃先生早年任教中學時所編講義，民國二十（一九三一）年，上海商務印書館出版。四十五（一九五六）年，台灣商務印書館重印。

中國學術通義一書，乃民國六十四（一九七五）年春，先生將其近三十年所撰論文，就經、史、子、集四部，求其會通和合，有關論中國傳統學術之獨特性所在者，彙集而成，是書共收入十二篇。六十四（一九七五）年九月，由台北學生書局初版。七十三（一九八四）年三版時，又增文兩篇，全書共十四篇。

現代中國學術論衡一書，乃先生繼中國學術通義一書，續撰此編。一遵當前各門新學術，分門別類，加以研討，非謂不當有此各項學問，乃必回就中國以往之舊，主「通」不主「別」。全書分十二目，都二十六篇。民國七十三（一九八四）年，由台北東大圖書公司出版。

學籥一書，乃先生輯其早年所撰有關開示學者以治學之門徑與方法者，凡六篇，於民國四十七（一九五八）年，自印於香港。八十六（一九九七）年重刊此書，乃秉先生原意，將本論語論孔子一篇移入孔子與論語一書，又增入五十（一九六一）年至五十二（一九六三）年，先生爲香港新亞研究所諸生所講，有關治學門徑方法文稿七篇，全書共十二篇。

學術思想遺稿一書，爲講堂記錄稿，共分兩部分。第一部分，爲民國三十五（一九四六）年，先生在昆明五華書院所作「中國思想史」一系列講稿中之最先六講。第二部分，爲先生流亡香港時期，應香港大學校外課程部之邀，所講一系列「中國學術思想史」中三時段之講稿；計爲民國四十八（一九五九）年「明清學術思想」六講，五十（一九六一）年「秦漢學術思想」六講，五十一

（一九六二）年「先秦學術思想」六講。此十八講，因當年有人筆記交新亞書院雙周刊發表，故得留存。

經學大要一書，乃民國六十三（一九七四）年至翌年暑，先生爲中國文化學院研究生所開「經學大要」一課之講堂記錄稿。先生開此課，乃因民國十九（一九二〇）年，先生撰劉向歆父子年譜一文，在燕京學報發表。北平各大學本開設有「經學史」及「經學通論」課，皆主康有爲「今文家」言，遂多於是年秋後停開，迄今未能恢復，先生引爲內疚。先生言：其撰文主旨，本爲看重經學，特指出講經學不能專據今文家言。未料結果竟相反。屢思有所補救，皆因生活不安定，未能如願。晚年自知精力已衰，不可能再寫「經學史」之類專著。思之再三，決定先爲學生開一經學入門之課。第二步再配合講稿內容，引據古人經學專著，加以評論，主要針對皮錫瑞經學歷史及經學通論兩書。爲照顧學生缺乏經學知識之背景，上堂講授力求淺易。開課前，預先指定專人負責錄音及整理講稿。未料負責人未能如期交卷，僅最初數講曾送先生過目，尚未及正式修定。全書在先生去世後，於民國八十五（一九九六）年整編全集本時，編者就錄音帶整理成集。遇錄音有遺漏處，均加注說明；有疑慮處，只刪不增，以免失去先生之原意。

民國八十六（一九九七）年，台北聯經出版公司出版全集本時，除國學概論一書，僅改正原版誤植文字及調整若干標點符號，惟正文改用大字，以期綱舉目張，層次分明，便利讀者誦讀。中國學術通義、現代中國學術論衡、學籥三書，除改正原版若干誤植之錯字，並對原書之標點進行整理，主要爲全書加入私名號、書名號及若干引號，以顯豁文意，方便讀者閱讀。學術思想遺稿及經學大要兩書，爲初版印行，一切規格全按全集版處理。凡該書新增篇文，皆於各冊目錄中加〔＊〕號註明。排編之工作雖力求慎重，然錯誤疏漏之處，在所難免，敬希讀者不吝指正。

素書樓文教基金會

中華民國八十九（二〇〇〇）年十二月

目次

五華書院中國思想史六講

香港大學校外課程部中國學術思想十八講

五華書院中國思想史六講

第一講　上古

一

什麼叫做思想？大智度論說：「人心可分兩種：一是念念生滅心，一是次第相續心。」「念念生滅心」，忽起忽落，前念後念，不相照應。譬如雨點，點滴下落，各不相顧。「次第相續心」，則前後連貫，因甲及乙。譬如河水，後波追逐前波，便成川流。所謂「思想」，即指次第相續心而言。一個人爲了考慮一件事，每每會想到幾分鐘、幾點鐘、幾天、幾個月，次第相續下去。這就是思想。若論思想家，往往碰到一個問題，釘在心上捨不掉，有的可以繼續到幾年、幾十年，才能解決。

思想進行有兩個方式。一則譬如人體循環器官內的血，由大血管輸送到小血管，又送到神經末梢，遍及全身。此猶思想家由一問題的大處想到此問題的小處，面面周到，無微不至。這是一個方式。另一方式，則如溝渠池港的水流，匯到長江大河，再由江河匯流達海。此猶思想家由一小問題逐次推想到大的問題上去。這是又一個方式。這叫做「思想的體系」，這是要解決一個問題一定有的次序。

有些問題，一個人不能解決，須待與多數人之共同研究，其間各人的思路不同，這便成功了思想上的「派別」。問題的方面既多，又非一時所能解決，每每延續到幾代，幾十百千代，才能解決此一問題，次第相續，遂造成了「思想史」。思想既成功了一部歷史，便知此等思想並不是隨便的思著、想著，而有他客觀的對象與必然的層次。一個國家，一個民族，每每三千年、五千年，祇解決了幾個問題。而這幾個問題，可以使這一個國家或民族裏幾千年來能用腦子的大思想家，都集中精神來對付它。所以一部思想史，是一部文化史的核心，亦可說是文化史的生命。

一個國家，一個民族，既有文化歷史，也就有思想。思想繼續不斷，有生命，有系統，有組織。它必要能對付得幾個大問題，才足以見此民族的力量，才足以見此國家與民族的特色。他們思想的對象不同，方法也不一樣。而同一個問題，也可以有兩個以上的方法。思想之內容與方法不同，造成了不同的民族，造成了不同的文化。

中華民族幾千年來，曾有些什麼想法呢？不能說今天這樣想，明天那樣想，這是忽起忽落，念念生滅，算不得思想。也便創不起文化，造不成歷史。文化歷史都是次第相續的心的歷史。換言之，祇是一部思想史。

我在前幾年，曾寫過一部國史大綱，這是一部普通歷史。後來又寫一部文化史，祇寫了一簡編，現在又想寫一部思想史，也祇先從簡編寫。寫思想史，就是寫文化史的「中心」，寫文化史的「動源」。就是要看我們的祖宗曾想些什麼？用什麼方法想？我們且不論好壞，祇先拿歷史的眼光，來看它的內容和真相。

普通史只說的歷史的浮面和外層。文化史說到歷史之各方面各部門，始是歷史之全體。思想史則是歷史之中心主腦或骨幹。合此三部，始成爲歷史之全部，始可瞭解中國已往之一切。

近來許多先生，都寫中國哲學史。爲什麼我這一部書不叫「哲學史」，而叫「思想史」呢？因爲嚴格說來，可以說中國沒有「哲學」。換言之，就是中國沒有像外國一般所想的問題與方法，所以不必用外國的學名來牽强附會。但是卻不能說中國沒有「思想」。中國思想與西洋思想自有他不同之點，我們主要的就是講他不同之點。人心之不同如其面，描寫人物，必要寫出他的特徵。寫一國的思想亦復如是，當然要表現出他的本來面目與特徵所在。

二

講思想史，必須從本原處看到末梢，由粗大處看到細微，由共通處看到個別。這是一定的方法，否則將看不到各派思想之真際。

什麼是最粗大的和共通的呢？大抵人類思想，從其源頭看，從其粗大處和共通處看，都逃不了兩個問題。一個問題我們叫他「宇宙論」，另一個問題我們叫他「人生論」。凡屬人類所討論的問題，都不能逃出「宇宙」、「人生」之外。這兩個問題，都應該有一種科學方法。前一個屬於「自然科學」，後一個屬於「人文科學」。西洋人對此兩問題大體是喜歡分開講的。無論哲學也好，科學也好，宇宙與人生，他們卻把來分得清清楚楚。中國人卻喜歡合攏來講，這叫做「天人合一」。講的不好，自然是籠統混雜。但講的好，也就不致支離破碎。

本來人即自然，爲什麼定要把它分開呢？有人說：「中國思想界祇有人生問題，沒有宇宙問題。」乍看似乎如此，仔細研究，卻不盡然。宇宙問題不解決，人生問題斷無辦法。譬如房屋將要傾倒了，你還能在裏面講人生問題嗎？中國思想既喜歡從融通處著眼，那有注意了人生問題而轉忽略了宇宙問題的呢？這祇爲中國人思想在形式上沒有如西方人一般嚴密劃分，因而引起了許多誤會。

三

現在再進一層談，還有一個介於宇宙、人生二者之間的問題，則是「生死」問題。「生」是人生問題，「死」便進入了宇宙。每一個人必要碰到這問題，每一個人必定會感覺到他有生必有死。你現在雖然沒有死，但你看見青年人、老年人，你的父兄、親戚、朋友的死。或許自己的健康失了，感覺得與死相鄰，便要想起這個問題。人壽不過百年，今天我們在這裏集會演講，很是熱鬧。在這屋裏的人，大概不過五十年，恐怕難有一個人還存在。而此世界呢？五十年、五百年、五千年……五萬萬年，如此般存在下去。我們生在此世界，太可怕了！好似在黑夜的曠野裏看太虛，無邊無際，深黑一大塊，不知有多少大？而我們卻似一小點燈火，若明若滅。凡是人，不論受過教育或沒有受過，必要碰到此問題。

此一問題即是人類嚴肅思想之開始，也即是宇宙論與人生論碰頭的地方。即是他們共同的發源處，亦是他們共同的歸宿處。這是人類最基本、最普通的一個問題，大家對此一問題，似乎有一個共同的態度，就是人人都求生而怕死。我們都有生命，而且都愛生命，每一個人都有一個心理上的要求，要求不死，要求永生，或說是不朽。全世界的宗教，全世界的思想家，明知我們必死，而還是要對此問題求解決，求安慰。最普通的解決與安慰，便是信仰有靈魂。倘使我們有靈魂，則此問題的解決，便是很容易而且也得到了安慰。

一人的死生，只是靈魂的出入。譬如此刻在屋內的人跑出屋子，這有什麼奇特呢？但接著就發生第二問題。既然「身體」和「靈魂」是兩件事，那麼身體以外還有生命的存在，就如跑出屋子還有天地，還有另外一個世界，豈不得了莫大的安慰嗎？如此則講人生便轉到宇宙問題上去。

你怎樣知道有兩個世界呢？這是根據在人生問題的信仰與要求而來。肉體與靈魂，既是兩個，自然要成兩個世界。這在西方哲學上，一個叫「物質界」，一個叫「精神界」。前一個是屬於「感官」的世界，後一個是屬於「理性」的世界。官能可以感受外邊的印象，如眼、耳、鼻、舌、身，感受到色、聲、香、味、觸。感官所接觸的是「現象」，而靈魂所接觸的則是「理性」，在哲學上叫「本體」。譬如此地有一錶，我們見到的是金黃色，但你戴上藍色眼鏡看，那錶的顏色便變了。在有色的燈光下看，顏色又變了。我們又見到它是圓的，而在哈哈鏡的透視下，形狀也變了。又感覺到它是硬的，假如你手的力量加大了幾千倍，又感覺得它軟了。這些問題便複雜起來。什麼是錶的本體呢？愈講愈微妙，愈講愈虛玄了。所以現象是容易瞭解的，一講到本體，便難講了。但不講到本體，又覺人生得不到安慰。可見哲學、宗教上許多話，還是由安慰人生而起。

每個人都希望不死。對於死後的情形，便有各種不同的講法。我舉耶教與佛教爲例。耶穌說他的宮殿在天堂，人死後還要復活的。古代的希臘人、猶太人、埃及人都這樣想，以爲靈魂要回來的。埃及人因此更看重死屍，做成了木乃伊，裝在金字塔裏面。爲預備靈魂那一天回來而復活。佛教講「六道輪迴」，就是天、人、阿修羅、畜生、餓鬼、地獄，更迭循環。人不永遠是人，也許第二生是豬，第三生是蟲。輪迴既有三世以及無盡，又有胎、卵、濕、化四種生形的不同。在這當中，我尚何存？故佛經講「無我」，這更有什麼靈魂呢？但他們主張有生命的輪迴，我們不妨叫他們的思想是一種「變相的靈魂」。總之，除掉此現實人生，我們的生命還有別一世界。此是西洋人、印度人的共同看法。

四

現在我們回過來看中國人。中國人於此問題如何看法呢？在中國古書裏常說到「鬼神」和「魂魄」的話。茲舉一事爲例。左傳魯昭公七年，鄭國的伯有死了。他的鬼魂出現，叫鬧不寧，到處碰到伯有。那時鄭國有一個大思想家子產，有人問他說：「伯有爲什麼能做鬼呢？」子產回答的一段話，可算是中國古代解釋生死問題的一個最具體、最明顯的記載。他說：

人生始化曰魄。既生魄，陽曰魂。用物精多，則魂魄強。是以有精爽，至於神明。

這段話是這樣的解釋：人的開始叫做「魄」，以「人生」說，自然是指初生下來的軀體而言。以「始化」說，則是指在母腹中的胎。總之，這都可以稱之爲魄。魄便是一段肉塊。生了魄的時候，便連帶的有「魂」。魂之在魄，正如一塊東西上有一些晶晶的光輝，此光輝處便叫做「陽」。其不發光處則是「陰」。現在的人體是魄、是陰，其發光面則是陽、是魂了。故可說「魄」是生命的實質，「魂」是他的作用。這可說是一種純粹「唯物」的觀點。因爲他全從這一塊肉團上來看人的生命。他雖說有魂，這個魂卻與西方人講的靈魂不同。

西方人說靈魂與肉體判而爲二，故可與肉體分離自在。中國人說的魂，是人身這一塊肉團上亮晶晶的發光的一面。在大宇宙中的人生，正如剛才的譬喻，在曠野黑夜裏看見的一點光明一般。但這一點光明，卻是深黑大一塊的實質上自己發放出來的。並不是另從一處來，因而也不能別向一處去。

現在再說，魂既是肉體上所發的光，一個人的身體强健，五官百骸各自發揮最强大的作用，那光輝也自然隨之而增大、增强。人到有病的時候，光便弱了。等到一死，便不發光了。好比一輛汽車，機件完好，有電和汽油來發動，纔開得走。機件壞了，或是沒有電和油了，便不起作用了。那些在人身體內發光起作用的東西，亦叫做「精爽」。精爽便是耳聰目明，一切機件，都發揮了很好的作用。

有一種人，精力瀰滿，他雖然死了，他的作用猶有剩餘的光輝，還會存在一些時。中國人所意想的「鬼」，便是這樣一件事。因此，鬼還要再死，所以說：「死而後亡。」有時死還不算到「没有」的階段，再過一些時纔「亡」了，纔真没有了。左傳上又說：「新鬼大，故鬼小。」就是以精爽遺留的强弱而生此區別。這是中國人的觀念。直到如今，還始終是如此。他們認身體與靈魂是合一的，並不是在身體外另有靈魂。除了耳目，便不能有聰明。除了此肉團，便不能有精爽。

精爽到更高的地步，叫做「神明」。如兩國打仗，司令官精通戰略，運籌帷幄，步步打算，此即是他的精爽。至於決定如何進兵，推測戰鬥進行的變化，無不曲中，恰如預知般，便是神明的事了。一塊鋼鐵，我燒它、捶它、磨它，造成了鋒利無比的白刃。一個小孩子，從小加以鍛鍊，耳目聰明是精爽。至於智慧深細，眼光遠大，能看到幾百年以後整個國家民族世界的事，所謂「先知先覺」，即成了神明。這便是說他的光發得比別人強。也可說他的陽氣特別盛。現在說則是他的機件特別靈，因而作用也特別大。

你若問這光由那裏而來？這只還是由他體魄上鍛鍊而來。「用物精多」，便是鍛鍊得好。一個普通人在世時，身體很結實，一旦遭了橫死，身體上的機能乍然停頓，可是還有餘勢未盡，那便能鬼出現。那伯有之鬼所以現形，就由他精爽未消失。至於老年人，或久病而死，他的鬼就很少能現形與作祟了。這是子產的人生論，也是他的宇宙論。

在此段故事中，我們便可對中國人所講的「魂魄鬼神」之說，有一種明確的認識。當知此種看法，與西洋的截然不靈。西方人以爲靈魂還要回到屍體上，還可復活。而中國人則說：「屍歸泥土，魂也散了。」前面說過，魂只如一些光，譬如燈熄了，光自然散了。散便是消失，並非脫離此體後，還能獨立存在。中國人想要那魂暫時不散，便要給他一個憑依。因此拿一塊木頭，叫魂靠在上面，以便他暫時不飄蕩散失，這叫「神主」。便是說，人死後的神以此木爲主。神便是寓在此木上的客。把這神主供起來，好讓他慢慢的才歸於沒有。這亦是人情上不得已的想法。所以祭祀祇到三代，三代以上鬼魂根本不存在，便也不用祭了。故祭祀也不到墳上，只是祭神主，因爲神的憑依在木上。這些習俗，雖說迷信，也有他很遠的來源，這真是中國人的人生論和宇宙論。

五

此外許多古書上的證據，不想再拿來詳講，此刻再講一個故事，作爲此段「魂魄論」的結束。大戴禮記五帝德篇，宰我問孔子：「黃帝爲什麼活到三百年呢？」孔子說：

黃帝生而民得其利，死而民畏其神，亡而民用其教，所以有三百年。

這是說：並非黃帝的肉體，有三百年的壽命。他在世的時候，約略算爲一百年，因他於政治、教育、文化等各方面，大衆得他的幫助和利益。等他死了，他的精爽、神明還能使人畏敬，又歷一百年。到了第二百年已過，他的精神也亡了，但他的話依然有效，還可以作大衆的教訓，如是又一百年。豈非黃帝的一生等於存在三百年嗎？

這樣的講法，實在也極爲合於情理。所以中國人看生命便是一種陽氣，鬼便是一種陰氣。鬼所怕的是「陽氣」，鬼敢侮弄的是「晦氣」。陽氣是什麼呢？換句話說，就是生命之「光輝」。

生命只在一塊肉團上，就在這肉團上生作用。光輝發生在氣質上，這種光輝便是「神」。待他光輝歇了，回復到深黑一大塊的陰質上去，便是「鬼」。所以我說此乃一種「唯物論」，但與西方的唯物論仍有不同。

西方人腦中的「物」，不發光，有陰而無陽。而中國則陰中有陽。但亦並不是「唯心論」。西方的唯心論是「物」外有「心」。而中國所講陰陽，則陰的另一面即是陽。故說：「一陰一陽之謂道。」如此解釋宇宙，人生即在其中。如此解釋人生，宇宙也即在其中了。在此情形下，中國社會卻不能產生宗教，但你不能說中國人無信仰。現在合起西洋、印度、中國三種的看法，我仍然要感覺到中國人所講的似較合理。至少是與外國的不同。

我們不要看輕這一個不同，從這個不同上，卻引起許多極大的差異。

六

現在我再引一段故事來講一講中國人對死後不朽的觀念。

左傳魯襄公二十四年，范宣子問叔孫豹：「古人說死而不朽，是什麼意思？」叔孫豹正在考慮，未答復。范宣子又說：「譬如我范自上古以來，世代爲貴族，這算得不朽了吧？」叔孫豹說：「這叫做世祿，不能算不朽。真正的不朽有三種：太上有立德，其次立功，其次立言。」這是中國古代有名的格言，直到現在，幾於無人不知。

在此段問答裏，我們可以看到中國人早已不相信有靈魂，故而他們認爲人生不朽的事有兩種：一種就是范宣子的「世祿說」，另一種是叔孫豹的「三立說」。這兩種都只在此現實人生界不朽。沒有脫離此現實人生界而另有別種的不朽。正因中國人只認此一個世界，不像西方人心中有第二個世界。宇宙論不同，因而人生論也不同。

從范宣子的世祿說一轉變，便成後代傳種接代的「家世不朽論」。因爲不朽也只不過是一種次第相續。我的身體雖說活著，也隨時在變化。五十年前的我和現在的我，已經沒有絲毫相同的了。只因次第相續，所以還算有個我。那麼，由此推論，我的兒子是我身體分出來的一部份，依然和我次第相續，所以我的生命可以寄託給他而存在。在兒子方面，也想到他的生命是繼續著前人而來的。「身體髮膚，受之父母」。如此則傳種接代，便是人生之不朽。故說：「不孝有三，無後爲大。」因我無後，便把上來歷代祖宗的命也都喪了。這不啻成爲中國的宗教。我們也不妨說中國人的家庭即是中國人的教堂。這種家世的不朽論，竟造成了幾千年來的中國社會和中國歷史。

至於第二種的不朽，那是較高一層的不朽，這裏面的道理，卻待詳細推闡。我們且待此後繼續發揮。但即淺近言之，即以「立言」說，如子產、范宣子、叔孫豹諸人，雖過去很久了，而他們的話，傳到現在，依然支配著人心，我們譬如在現在還聽到他們的講話。反過來說，便譬如他們還能在現在和我們講話一般，那不是他們還如活著嗎？這便是他們的不朽了。他們便不朽在我們的世上，何待有一靈魂走上別一世界天國去，始得不朽呢？這是中國思想從開源處便和別人不同的所在，所以我們應該特別注意！

第二講　孔子

一

我在前次講中國「上古思想」，曾提到西方人的思想與中國根本不同之點。西方人對於人生不朽的觀念，期望在另一個世界—天國。又其宗教家與科學家解釋人生問題，可以在正相衝突的局面下並存。如英國大科學牛頓，同時便是基督教的忠誠信徒，即屬顯例。至於中國呢？卻把宗教、學術、人生，溝通爲一。因此像西方般宗教、科學兩兩對立而又同時並存的情形，實爲中國人所不能瞭解。

中國人認爲人生不朽，無論像范宣子的「世祿觀」，或叔孫豹的立德、立功、立言之「三立觀」，都是不朽在這個世界之上，並沒有超出這世界之外去另尋一不朽。換言之，西方人腦筋裏有兩個世界，中國人只是一個。以西方哲學術語言之，西方是「二元論」，而中國是「一元論」。我們可說中國哲學是「人文的一元論」。這是中國思想發源便與西方不同處。

到了春秋時代，孔子創立儒家思想，更把范宣子、叔孫穆子一套理論，發揚光大，影響到幾千年後人們的生活習慣，此乃中國思想之主幹，也可說是中國思想之正統與中心。儒家自孔子開其先，孟子承其後，還有許多知名與不知名的學者之努力，隨時在變動進步中。現在我們且順著這發展過程，分次講述。

二

要懂得某一個人或某一家、某一派的思想，須先要懂得他思想的方法。思想家如何想法？他雖没有明白宣示，但我們可由他的言論中體察。

西方人極重邏輯，邏輯便是他們思想的方法。他們的邏輯，大體有「演繹法」與「歸納法」之分。演繹是由一個道理推闡到很多方面，歸納是由很多方面歸納到一個結論。就此兩種方法言，可見西方人頭腦是注重分析，總喜歡一個一個講。所以由一個推闡出許多個，又要由許多個歸納成一個。無論在他們思想之出發點及歸宿點，總要從一個出發或歸納到一個上來。宗教大體是注重演繹的，科學大體是注重歸納的。要之，他們是愛一個一個的分別而論，所以說他們是分析頭腦。

由東方人的眼光看來，似乎西方人的思想多是偏在一邊的。他們好像在走一條路，或由此出發，或到此歸宿，是一直線的向前走，無論中間也有許多曲折，總之還是一條線的。一條線的由一處出發，或一條線的到一處歸宿。出發處是一個觀點，歸納處還是一個觀點，因此說他們是偏了。

西方古哲亞里士多德曾說：「吾愛吾師，吾尤愛真理。」西方人往往學生講的與老師講的便不同。德國大哲黑格爾的「辯證法」，正是說明了他們這一種的思想之演進。起先由甲設了一個理論，這是正面的。繼則有乙起來推翻甲，這是反面的。漸後便有融和甲乙、超出甲乙之丙，這是正反之合。但這「合」又成了正面的，便又有反面的起來，推翻他。循此「正、反、合」、「正、反、合」不斷演進，這是西方思想的路子。因為西方思想常是愛偏在一面，因此有「正、反、合」。他們的好處，在能由此一面一往深入，走到極端盡頭處；再由別人向別方面走，又是一番一往深入，又到那一面的極端盡頭處；如是的逐步追窮，綜合西方思想，便成一個全體之大分析。但東方印度的思想習慣，則又有不同。

佛經上所講的道理，必是兩個對立著講。如金剛經講「世界」和「微塵」是相對的。微塵合起來成為世界，世界是微塵的「共相」，微塵由世界分出來，微塵是世界的「別相」。又如「心」與「相」也是對立的，倘使沒有外邊形相，怎樣知道有內邊的心呢？比如沒有聲，耳的效用不顯，還不是等於沒有耳。但沒有心，對象又在那裏？「色」與「空」相對的道理亦復如是。所以說：「色即是空，空即是色。」這些都由相對而相消了。可見印度佛學思想和西方人的絕然不同。

西方人愛從一個觀點出發，仍然到一個觀念上歸宿。但印度人一起頭便告訴你有兩個觀點對立著，使你無從把捉了這個而放棄了那個。這兩個觀點，常是對立的，而又是對消的。中國的禪宗名此爲「對法」。他們說，一切對法便貫通了一切經，由此便生「中道」義。這是佛家的思想方法。

孔子思想，近於佛經，也常是兩個道理同時講；不愛偏在一點上出發，亦不愛偏在一點上歸宿。但孔子與佛家又有不同處。佛經提出兩個道理常是這個推翻那個，那個推翻這個，結果是兩個同時取消了。孔子的講法常是用這個來補充那個，那個來完成這個，結果兩個都建立了。

我們可以說，西方思想是偏的，印度與中國思想是圓的。因爲西方思想常側在一面講，中國與印度常愛同時從對面講。但佛家主「破」，儒家主「成」。佛家用對法相破相消，儒家用對法相立相成，這又是他們的不同。

每一觀點，每一思想，常有其對面，我們若能同時兼顧對面，再由此兩對面包抄圍合，結果便成爲一圓。佛經上有「圓、成、實」三字，此語極有意思。但佛家只是以破爲成，以空爲實。我們說孔子思想才真是一「圓、成、實」。

三

上面討論的是思想方法之大體異同，現在再說到表達思想的語言文字之運用。

大凡一個思想，在此思想家之心裏形成了一個觀念，這個觀念在其心內，要使旁人曉得，便須講出來成一句話，或定一個名稱。這裏便有一極大困難。當知在沒有此哲學家或思想家以前，人人已照例能運用名字能講話。所不同者，孔子以前，中國早有語言文字了。釋迦、蘇格拉底以前，印度、希臘也早有語言文字了。所不同者，孔子、釋迦、蘇格拉底以前，並沒有孔子、釋迦、蘇格拉底那種思想與觀念，也就沒有孔子、釋迦、蘇格拉底所需要的名字與講法。因此孔子這樣想，這樣看，而完成了他特有的思想與觀念，便須拿大家懂的話，來講出大家不懂的道理。釋迦、蘇格拉底也是一樣。這一層困難，我們研究思想史的人是先要懂的。

所以佛經上常說：「我隨世俗假定名相方便宣說。」中國人則說：「書不盡言，言不盡意。」乃至云：「知者不言，言者不知。」都是這個道理。因爲語言文字遠已創始，其間有許多觀念，早從無量世以前傳來，如「我」、如「心」、如「生命」等，此諸觀念，實爲人生根本最大、最要之觀念，早已遠從無量世以來已成立、已流傳。但究竟甚麼是「我」？甚麼是「心」？甚麼是「生命」？此等卻絕費推尋。但你不得不由此講起，你須借用世俗共喻共曉之語言名字，來宣達你一己特有之思想與觀點。此一層，便有許多困難。所以孔子與佛經遇到理論精微處，常要感到無法講下，要你自己去體會，要你離卻言說相、文字相、心緣相，直心冥悟。

西洋人在此上可不然，他們第一是喜歡自己創立一新名詞來表達他自己特有之觀點，又喜歡把此名字或觀點特別加以「定義」和「界說」，好與衆共喻。譬如他們研究生命問題，必先說明甚麼叫做「生命」？為之下定義，作界說，再從此推論，從此引伸。這裏有好處，卻亦有壞處。因為定義終於不能包括淨盡，界說終於不能恰如其實。譬如舉一具體問題而言，如他們討論政治，必先定甚麼叫做「政府」？甚麼叫做「國家」？其實這些都不容易講。這是語言名詞本身的缺點，但西方人的思想偏愛由此立足，由此出發。他們全靠定義，定義不成立，那麼全部都取消了。

我們上面說過，西方人的分析頭腦，有些處正從定義下手，把不可分的勉强分了。這是西方思想與印度、中國思想之又一不同之點。

四

我們明此道理，才可來講孔子思想，才好來看孔子書中常用的幾個名字與孔子心中常想的幾個觀點。

第一要説到論語中最重要的「仁」字，這是孔子最愛用的一個名詞，亦是孔子心中最重要的一個觀念。孔門弟子常請孔子解釋「仁」字的意義，但孔子答案各別不同。因此後人覺得仁字非常難講，直到現在沒有講好。近人就從此批評中國人頭腦不清楚，孔子爲甚麼不先把此「仁」字自己下一個清晰的定義呢？其實在孔子心中，便覺此「仁」字實在沒有好的定義可下，若勉強爲他下一定義，那「仁」字的涵義便偏在那定義之一邊，而其他方面不爲此定義顧到者，便易爲人忽略。當知此乃人類語言文字本身自有之缺點，根本無法圓滿。因此孔子要使人瞭解他常愛用的「仁」字，便另外提出一個「禮」字來和「仁」字拼合起講。

仁是內邊的，禮是外邊的；仁屬「心」，禮屬「行」。若專從內邊來說，又分「仁」與「智」兩面，專從外邊來説，又分「禮」與「樂」兩面。孔子説仁便連帶説到智，説禮便連帶説到樂。似乎孔子惟恐別人聽他説這面忽略了那面。總歸起來，則「仁」、「禮」對説，必明白此兩面乃可明白此一面，其總綱便是個「仁」字。現在我們試列表如下：

拿一般通俗的話來講，仁是人心的感情恰到好處，約略可以說是忠厚。智是理智，約略可說是聰明。禮是規矩準則，樂是快樂活潑。「感情」和「理智」，「規矩」和「活潑」，好像是對立不能調和的，孔子的觀念上要把他們聯起來。

先從外面說，規矩而不快樂，不是好規矩；快樂而不規矩，也不能是真快樂。一般學規矩的，死在規矩上；求快樂的，又放浪形骸，反而苦惱。所以要教人尋規矩的快活，學快活的規矩，兩件相反的事要把他合攏來。可惜世俗間的語言，沒有「快樂規矩」和「規矩快樂」的話，所以孔子只得把此兩語時時合說。

現在再看內面，偏於忠厚的人，每每迂闊；偏於聰明的人，反易流於刻薄。真正的忠厚，必是有智慧的；真正的聰明，也必是樸實忠誠的。孔子的理想上，要一人內邊既忠厚而聰明，表現在外邊的又規矩而快樂，如此「內外合一」，是孔子理想上做人的最高境界。

爲何這是理想人的最高境界呢？因爲這是人心之本體自然要求如此的。後來只有孟子說過兩句極明白的話，他說：「仁者，人也。」又說：「仁者，人心也。」這是說：仁是理想的人和人的行事。因爲仁即是人心的本體。但此所謂人心之本體，只是說應該的，可能的，人心自要如此的。至於真達此境界則尚須一番工夫，此即是孔門之所謂「學」。學即是學達到此境界，故孔子自說：「吾十有五而志於學」，直到「七十而從心所欲，不踰矩」，便是實現了這個理想，到達了這個境界。

從此一點，我們可以證明孔子講的道理，常常從一事的兩面會合起來，這不啻成爲中國思想之定型。至今俗語中也常常用著「是非」、「死活」、「東西」……等等，即是這種用兩個對立的字合爲一詞類之一例。

五

現在我們再仔細研究孔子的思想。若討論他的來歷，仍然是繼承著子産、范宣子、叔孫穆子諸人而來。讓我們用上述孔子論「仁」大義引用到人的「死生」問題上去。如禮記檀弓篇說及人死後用「明器」殉葬的事：

> 孔子曰：「之死而致死之，不仁而不可爲也。之死而致生之，不知而不可爲也。是故竹不成用，瓦不成味，木不成斲，琴瑟張而不平，竽笙備而不和，有鐘磬而無簨虡。其曰『明器』，神明之也。」

這段話的大意說：人死了，真當他死了，未免太冷酷、太殘忍，這是「不仁」。人死了，還當他如活人一般，未免太無頭腦，太糊塗，這又是「不智」。用「明器」殉葬，便是要「仁」、「智」兼盡。

孔子解釋用明器的道理，不是側重在對付死人，而是側重對付自己的心。心要溫、要軟，可是又要清楚、要明白。論語上說的「祭神如神在，我不與祭，如不祭」，也便是與此同一的道理。又有一段故事說：

子貢問孔子：「死者有知乎？」孔子曰：「吾欲言死之有知，將恐孝子順孫妨生以送死。吾欲言死之無知，將恐不孝之子棄其親而不葬。賜欲知死者有知與無知，非今之急，後自知之。」

這一段話，與論語上「未知生，焉知死」的話，義亦相通。

如此推演，孔子的思想，既要仁智兼盡，又是主張人生的一元主義。因此既不成爲宗教，又不成爲科學。此種道理，我們姑且稱之爲「仁道」。此種學問，亦可姑且稱之爲「心學」。

六

現在再講仁道如何能使人得「永生」與「不朽」。讓我們舉一事爲例。孔子常常講「孝」，孝是一種「心境」，是既規矩而又很舒服的，應有溫柔的性格，同時也要有清楚的頭腦。因此孝也便是仁、智、禮、樂合起來的一種心境，因此孝便是人心「仁」的一面。孝有他的對象，孝的對象是父母。孟子說：「仁者，人也。」又說：「仁，人心也。」鄭注：「仁，相人偶也。」當知「相人偶」也便是人和人心的另一解釋。何以見得呢？你必見父母才知孝，豈不是一個相人偶嗎？人心斷離不了對象，「性」與「相」是一對，「心」與「境」是一對，「能」與「所」是一對。若專從人事問題講，便成「人倫主義」。若無倫偶，人心之情感與理智，從何而見？

外國人喜講男女戀愛，戀愛的最高境界，還是要把我的理想在對方的人格上表現出。中國人卻重在拿此理想對父母。孝經說：「孝莫大於嚴父，嚴父莫大於配天，則周公其人也。」即是說，孝道之最偉大者，莫如尊嚴他父親如上帝般，有如周公對文王般。母親自然包括在內。這是一種極浪漫的心理，外國人用在男女戀愛上，中國人用來崇高孝道。不能說戀愛是人心之自然，孝便不是人心之自然。當知孝心還是發在愛心之前。

近人常常議論，孔子講「孝」為甚麼不講「慈」？戀愛是男女平等的，孝便不平等。當知孔子立言，本為大衆普遍而發。天下没有一個人沒有父母，但卻不一定人人有子女，所以講孝道人人有份講，慈便有人向隅，輪不到。若論平等，父慈子孝，本是平等的。孝要孝到博得父母的慈，慈要慈到獲得子女的孝，如此則內與外，心與行，社會與個人，無不融而為一。「我」的生命表現在別人「非我」的身上，這便是「不朽」。我的不朽，即建築在不是我的那邊。孝的意義如此。立德、立功、立言的意義也是如此。全部人生意義只是如此。

發明電燈的人死了，而他的精神不死，事功也不死，即寄託在電燈上。這就是我前次所講在深黑的東西上面發出來的光。我的生命，只在「不是我」的上面表現，只在「不是我」的上面發光。單是一個「我」無法表現，我只能在「不是我」處表現。生命等於放光，光放射在黑面上，我生命在不是我上，這是「相人偶」之道。

「我」同「不是我」融成了一片。所以孝或愛，不是要你去盡責任，而是你生活上內心上一種自然的要求，一種惟一可能的滿足，這便是人生。這都還是講的人的心上事。

人死了，心沒有死。子見父，要如周公見文王一般。文王、周公死了，文王、周公那一番心境沒有死，還在天壤之間。所以孝子是要死的，孝子的那一番孝心是不死的。後來再有一個孝子，那孝心還是和從前一個孝子的孝心一樣。你與我都死了，只要你與我之心，也如別人的心一般，則自然仍在此世界放光發亮，仍是不死。這便是一個「永生」。

但這不是宗教，因爲宗教以上帝爲尊。也不是科學，因爲科學完全講的外邊道理，與人心不相干。所以我稱這一種學問做「心學」。

七

現在我們要問，孔子的那種心學是從那裏來的？像耶穌、穆罕默德的道理，都說是原本於上帝。科學的定理如二加二等於四，則自外面事物處得來。孔子的心學，則只是本於人心之經驗。

姑舉論語開始第一章說之：

子曰：「學而時習之，不亦悅乎？有朋自遠方來，不亦樂乎？人不知而不慍，不亦君子乎？」

此章盡人能誦，但若我們將此與希臘古哲蘇格拉底之對話錄一比，便見孔門講學之特殊精神。蘇格拉底與人討論，常不見自己提出意見，只就對方所知逐步提出問題，由對方逐一作答，到後對方自能走上蘇格拉底心中所預有之結論而共相首肯，其同時討論者可以不止一人，並可有某人中途退席，而由別人接續討論者。至其討論之最後結果，雖不出席人，觀其語錄，亦可了然。此種方法，西方人謂之「產婆法」，謂蘇格拉底只做了一產婆之工作。

我們若由此返觀論語，孔子云：「學而時習之，不亦悅乎？」未嘗不是一問句，但試問別人如何作答？苟非你先有一番學而時習的經驗，你將無從措辭。而且此三語，又分著三個時期。當知「學而時習」是一個學者青年期可有的經驗，至於「有朋自遠方來」，則須其人學成名立，乃有嚶鳴之求，乃有志同道合之朋，聲氣相投之樂，此係一學者中年境界，青年初學人斷不知此。至於「人不知而不慍」，則是學詣日深，外面知者日少，孔子所謂「知我者其天乎」，這已到了一學者晚年最高境界。非到此階段的人，不能瞭解此句之情味。故此三語，包括盡了學者一生三個階段之內心境界。苟非自有此經驗，如何隨便作答？此等處，可見孔子思想方法截然與蘇格拉底者不同。

你讀了論語這三句話，只有默默地拿來試一下，看是如何。所以孔子說：「信而好古，默而識之。」這是孔子教人為學的重要方法。

如何說「信而好古」呢？因為一人經驗有限，於是不得不借助於他人之經驗，如此則「心學」一轉而進入「史學」。信而好古，便是把別人經驗作參考，來作自己經驗之幫助。學而時習，寓有一段樂趣，此是論語上所記孔子的經驗，我們不妨姑且信任他的經驗，再來自己親證實驗之。

如何說「默而識之」呢？因為此等既屬人生實際經驗，便非語言名字所能代替，你若從語言名字方面下工夫，便要差以毫釐，失之千里。譬如你聽說梅蘭芳唱戲唱得好，你不能即在言語上名字上推敲、辯論、思索，去想像與瞭解他是如何好，你須直接逕自去聽梅蘭芳的唱。你若用言語名字來分析、來講述，勢將愈分析愈空洞、愈講愈乏味。默而識之，便能真切直透到此經驗之深處去。

八

上面講孔子的學問，一種是「心學」，一種是「史學」，史學還要從心學下手。不瞭解人的心，斷不能瞭解人的事。但人的心並非狹窄關閉在你的軀殼腔子內，當知人心應跳出軀殼腔子看。「我」與「非我」，「父」與「子」，「夫」與「婦」，「古」與「今」，會合而看，始見此心體之真，與心量之大，這是孔子之所謂「仁」。

因此孔子思想不僅把「人」與「我」的界限打破，「己」與「羣」的界限打破，又把「生」與「死」的界限打破，積累史學以完成其心學。如此，則全部人生之演進，便完成一心體之演進。全部人生進入了自然宇宙境界，如此則又把「人」與「天」的界限打破。

孔子之學，實在是六通四辟，廣大無際，但發端則只在一「心」。

此種學問，到孟子出來，又得一番發揮，發揮些甚麼？留待下次再講。

（此講於民國三十六年一月昆明五華月刊一期發表後曾作大幅增修。改稿於民國八十一年八月刊載中央日報，以紀念講者逝世兩周年。）

第三講　孟子和其他儒家

一

我在前次講孔子的學說，分爲兩種：一種是「心學」，一種是「史學」。儒家思想的重要精神在此。孔子以後，能繼承孔子而發揚光大之者，應首數孟子。所以講孟子的思想，必要與孔子連續講。「孟子道性善，言必稱堯、舜。」「道性善」就是「心學」，「稱堯、舜」就是「史學」。孟子的性善論，是拿史學來證明心學，拿心學來完成史學。分析開來講，可以分爲「本體論」與「人生論」兩部份，現在先講本體論。

二

關於「性」善或不善的討論，乃中國學術史上一中心問題。此一問題，照現在一般人的眼光看，似乎解答起來很簡單。只要拿西洋的心理學來解釋就夠了。如王靜安先生曾說：「性只是本能，沒有善惡。」這話就表面看，似乎很新穎，很有道理。但若追根究柢，便知問題不如此簡單。中國古代學者所說的「性」是否與外國學者所說的本能相同呢?「本能」是西洋心理學上的名詞,「性」是中國思想史上的名詞。最好先把中國自己立論的本旨弄清楚,再拿外國的學說來批評或比較,庶免混淆。

譬如小孩子生下來就會吃奶,在西洋心理學上說是「本能」,但中國思想史上並不就指此爲「性」。中國人所謂性的意義何在?古今學者千言萬語辯論不休。我以爲還是孟子講得好。孟子所說性善的道理,我們可以把孟子所謂的「人心之所同然」這一句話來解釋。孟子說:

> 富歲子弟多賴,凶歲子弟多暴。非天之降才爾殊也,其所以陷溺其心者然也。今夫麰麥,插種而耰之,其地同,樹之時又同,浡然而生,至於日至之時,皆熟矣。雖有不同,則地有肥磽,雨露之養,人事之不齊也。故凡同類者,舉相似也,何獨至於人而疑之?聖人與我同類者。故龍子曰:「不知足而爲屨,我知其不爲蕢也。」屨之相似,天下之足同也。口之於味,有同耆也;易牙,先得我口之所耆者也。如使口之於味也,其性與人殊,若犬馬之與我不同類也,則天下何耆皆從易牙之於味也?至於味,天下期於易牙,是天下之口相似也。惟耳亦然。至於聲,天下期於師曠,是天下之耳相似也。惟目亦然。至於子都,天下莫不知其姣也。不知子都之姣者,無目者也。故曰:口之於味也,有同耆焉。耳之於聲也,有同聽焉。目之於色也,有同美焉。至於心,獨無所同然乎?心之所同然者,何

也？謂理也，義也。聖人先得我心之所同然耳。故理義之悅我心，猶芻豢之悅我口。

這一章書，孟子發揮性善的道理，可謂能近取譬，至爲透徹。我們由口與耳目的嗜好都有共同的標準看來，可見人性是相同的。譬如名廚做菜，調和衆味，大家一致公認說好。是他得著了吃的方面人之所同然。這是口的相似。又如聽平劇，大家公認爲梅蘭芳唱的好。是在聲音方面，梅蘭芳得著了人之所同然。這是耳的相似。又如圖畫、彫刻等，上乘的作品，任何人都鑑賞起好感。這是在看的方面，作者得著了人之所同然。這是目的相似。外面的耳、目、口、鼻如是，我們心裏邊也一樣。口與耳目所對的是滋味、好音、美色。心裏邊所感覺的是分別對與不對，是與非。這就是所謂「理義」。在口嘗味、耳聽聲、目觀色等方面，大家所認爲好的標準，雖然大體相同，但並不能人人都達到此境界。必要待如易牙、師曠、子都諸人，把此標準公開揭出，大家始恍然釋然的覺得此標準對，此標準好。在人心裏亦復如是，你有你的見解，我有我的見解，「人心之不同如其面」，只有聖人始找到大家所公認爲對的說出來。大家一得此標準，也就認爲對，認爲好，這也就是人心之所同然。所以陸象山說：

東海有聖人出焉，此心同，此理同也。西海有聖人出焉，此心同，此理同也。……

當知「心同」、「理同」，此乃聖人境界，在一個平常人，卻未必能如此。但聖人與我同類者。可平常人相互間，雖未必能達到心同、理同的境界，但一聽到聖人的道理，也便一致公認爲對。可見人性不殊，即便是人性之善處，此處便是孟子講性善論的精義。

三

反對孟子的有荀子的「性惡論」。他立論的主旨，以爲人羣全靠著政府法律來管束和教育來指導，才能夠有秩序。假使一旦取消了政府、法律、教育等等，我們試想一想，目前的社會立刻會變成一個什麼樣子？所以他認爲人性是惡的，桀、紂是本性如此，堯、舜倒是修爲而成的。不管、不教，人便要壞下去，所以他主張說「性惡」。我們回頭來看，孟子生在荀子前，固然不能和荀子相辯駁。但在孟子書中，卻有一段話，不啻回答了這個問題。這是孟子闢墨子弟子的話，他說：

> 蓋上世嘗有不葬其親者。其親死，則舉而委之於壑。他日過之，狐狸食之，蠅蚋姑嘬之。其顙有泚，睨而不視。夫泚也，非爲人泚，中心達於面目，蓋歸反虆梩而掩之。掩之誠是也，則孝子仁人之掩其親，亦必有道矣。

孟子拿葬禮的開始爲例，來說明了人類文化演進之本源。當知目前的社會，已經經過了相當時期的文化演進。固然還脫不了要靠許多管教來互相維繫，但這些管教總還是好的。荀子亦並沒有說他們不好。但我們不妨由此逆溯，在上古時期，那時還沒有文化，自然也沒有管教，那些法律、教育一切制度卻如何地逐漸產生呢？在荀子的意見，必然認爲這些都是聖人的功績。但聖人是不是人呢？聖人能創造這些法律、教育等制度來使人類文化演進，這豈不已就證成了人性之善嗎？

別件事不說，單拿葬禮來說吧！古代本來是沒有葬禮的，在孟子想像中，古代的人死了，扔掉就算。有一天，某一個人走過他已死的父親被扔的地方，看見他父親的遺骸，做了狐狸的食品，許多蒼蠅蛆蟲攢集。他一見之後，不自覺的頭額上微微的出了一些兒冷汗，這些兒冷汗，不是怕著他人批評他不孝而出的。當知那時本來沒有孝與不孝的問題，也沒有那種教訓。那人的這些汗，是由他內心情感上自然流露出來的。於是他急忙跑回家，拿著鋤頭轉來把他父親的死屍掩埋了。這事傳開去，必是得了大家內心的同然，大家纔依做著他，也來把各自的親屬的死屍掩埋了。這就是上古葬禮的開始。

我們可以再替孟子補充往後的情形。平土掩埋之後，難免又被狐狸挖出，於是進一步才有棺槨之製。後來慢慢又感覺到要去葬處徘徊憑弔，怕葬久後，記不得葬地，纔有了墳墓，纔立了碑誌，遂成了現社會共行共由的一些喪葬禮節。

當知這不是某個聖人一時的發明，而是全人類在一天一天中，進步形成的。這不是聖人的政治、法律、教育來强制或愚弄人民而有此禮節，這是風俗與禮教之自然形成，他的背後支持著的是人類共同的「良心」。最先表現在那人額上的些微冷汗，就是人類性善之表現。從此可知一切人類社會文化演進，種種法律、政教之產出與形成，並非由於外面的力量所致，而是人類內部所自有的同然之心之所自然流露而完成。

荀子以爲沒有教師和法官，便將不成世界，照孟子道理講，教師、法官都是後起的事，在人類中能產生教師和法官，這便是人類性善之徵。而且教師法官也同樣是個人，創制教師、法官制度的聖人，也還同樣是個人。我們不要把人的地位看得太低，把聖人的地位看得太高，當知那額上出些微冷汗的人，也便是聖人。孟子又說：

堯舜，性之也；湯武，反之也。

什麼叫做「性之」？那額上出汗的人，就是他一時天性流露，先得著「人心之所同然」，這便是性之了。堯、舜之所以爲堯、舜，就是由這道理擴充出來。什麼叫做「反之」？在某一個人的偶然的天性流露，別人見了，反身一想，覺得他不錯，也照樣來模倣，這便是反之。湯武之所以爲湯武，就是由這道理擴充出來。「性之」是人心的自然流露，「反之」是反之於吾心而覺得其不錯。

何以說堯舜是性之？而湯武是反之呢？因是孟子把堯舜來代表人類第一期的文化，那時以前再沒有聖人，所以那時的聖人是性之的。湯武是代表人類第二期的文化，在湯武以前早已有過聖人了，所以湯武是反之的。我們也可說孔孟的學說亦復如是，孔子是性之的，孟子是反之的。在此，我們要想到陸象山所說的話，他說：

堯舜以前曾讀何書來？

又說：

我雖不識一字，也要堂堂地做一個人。

這些話卻一半對，一半不對。我們不能肯定說堯舜性之，便不讀書。孟子說：

舜之居深山之中，與木石居，與鹿豕遊，其所以異於深山之野人者幾希。及其聞一善言，見一善行，若決江河，沛然莫之能禦。

舜與深山野人不異，這便是孔子所說的「性相近」。舜看見別人的好言語、好行爲，立刻能感動，能模仿，這是孟子所說的「性善」。如此，則雖沒有讀書，卻等於讀書了。所以說陸象山只道著一面。

我們從此又可說堯舜也已是「反之」的，只有那上面所說的額上出些冷汗的人，纔是「性之」的。第一個人、第一件事，發於本性，是「性之」。第二個人、第二件事，反之本性，是「反之」。其實反之也還是性之，所以湯武也還是性之的。在這樣性之、反之，性之、反之……的情形下，人類的文化演進了。荀子因爲不明此理，所以要說人性惡。

孟子又說：

萬物皆備於我矣，反身而誠，樂莫大焉。

現在人看到「物」字，便想到西方哲學上的「唯物論」。其實中國古書上所講的「物」，是指「標準」說。譬如「孝」字是做兒子的標準，「慈」是做父母的標準。孟子說：「一切好的標準，我自己內心都具備了。儻使一個人反身自問，覺得外面一切好標準，便是我內心一切真要求，那時內外如一，豈不痛快極了。」否則外面一種想法，內面另一種想法，猶如聽不懂唱戲的情節，而跟著他人笑，豈不痛苦！當知人文進步，決不能在此不自然狀態中實現。故知一切人文演進，皆由人類天理自然要求，這便是孟子性善論之真義。「反身而誠」、「湯武反之」的「反」字，便是要就外面的人文演進來向內找尋到人心之所同然，即是人文演進本源處。這即是人類之天性。天性是「自然」的，因此也是「常然」的。進一步說，又是「必然」的。

我們若由此理論來看性善，便知性的發揮，可以一天比一天提高。好的方面，應該常在進步中。譬如梅蘭芳唱戲雖好，將來應該還有比他更好的。這才是性善論的真義。「孟子道性善，言必稱堯舜」，只以堯舜爲示範，卻不以堯舜爲極限。「人心之所同然」，只是一形式，其內容則可以時時朝前進。即在思想方面亦然。孟子既發揚孔子的道理，中庸、大學、易經，又繼續發揚孔孟的道理。而有些處比孔孟更爲透徹。中庸、大學、易經，是孟子以後的作品，已有確證，但此屬於考據方面。今天講思想史，只可從略，以後另有專題講述。現在先舉出和孟子性善論相發明的道理。

四

中庸說：

自誠明，謂之性。自明誠，謂之教。

前兩句即是性之，後兩句即是反之。又說：

誠者，天之道也。誠之者，人之道也。

第一句是性之，第二句是反之。又說：

至誠無息。

一般的談話中，每每以爲誠是我心中的至誠向外發射，故說是「我的誠心」。其實此只說了一方面。若衡以孟子、學、庸的道理，「誠」字並不像一般人所想的單純。真正的誠心是我心與你心所同然。進一步說，是一切人心所同然。再進一步說，是永久的人心所同然，始得謂之「誠」。否則只是僞，只是虛，不是誠。一件東西，一個道理，三、五十年後便消滅了，沒有了，這便是不誠，這便不是由性所發。所以說：

至誠無息，不息則久，久則徵，徵則悠遠，悠遠則博厚，博厚則高明。

又說：

誠則形，形則著，著則明，明則動，動則變，變則化，唯天下至誠爲能化。

這才是誠的極功，也才是性善的極致。「化」的作用，好像在一杯水裏放進鹽，化了，才會有鹹味。性的功用，由「無息」到「能化」，這叫做「由誠顯性」。有人說袁世凱誠心做皇帝，爲什麼做不成？其實他既蓄意盜國，他並沒有把握到人心之所同然，如何能說他誠心呢？沒有人同意他，便是他的心不誠。反之，雲南護國起義，那是大家心所同然，這是一個「誠」。誠便能「形」，形之於事，自然著之於功。護國成功了，而且這一成功，還得繼續存在，不息前進，造成了歷史正面積極的一步，影響還及於將來。又如最近八年抗戰，雖然有人說一部份靠外力，其主要還在於我們上下一心，不屈不撓，這還是一個誠。所以中庸說：

誠者，物之終始，不誠無物。

這是說世上一切物全由誠而起。誠便是性。性便是自然。若說世上一切物全是自然，不如說世上一切物全是誠，全是真實不虛。才是性，才是性之善。

我們再看易經。易經成書又在中庸之後，至少當與中庸同時。易繫辭說：

一陰一陽之謂道，繼之者善也，成之者性也。

陰陽的道理，就是第一次所講死生魂魄的道理。在陰陽變化中間，好的繼續下去，不好的不繼續了。反過來說，繼續得下的便是好的，繼續不下便不好。就如上段所舉掩埋父母的事，你繼續下來了。「齊景公有馬千駟，死之日，民無得而稱焉」。這便是繼續不下。和孔子同時的何啻幾千萬人？那些人的思想行動，何啻幾千萬樣？但他們的行動和思想，都失傳了，消滅了，不能繼續了。孔子的行動思想，還在人人心中，還繼續在影響著歷史，這就是因爲他得著人心之所同然。這就是「繼之者善也，成之者性也」。此處「性」字，卻不是指的最先的，乃是指的最後的。世上一切，只有最後完成，最後存在，最後還繼續的才是性。如此般存在而繼續，自然要進步。

章太炎先生曾說：「世上好的進步，不好的也同時進步。」他舉出槍砲可以保衛人，也可以害人爲例。其實此義不然，好的進步，是有系統性的，有繼續性的。壞的不能系統地繼續，只是一段一段地產生，只寄託在好的身上而存在。因此好像好的進步，壞的也在進步。有些人以爲戰爭是人類的天性，這亦不然。戰爭是不能永久的繼續，只有和平始能永久繼續，這才是人類的天性，這纔能完成一件東西。戰爭並不能永久繼續，因此也不能完成什麼，因此說它非人類之天性。儒家講性善，是融會心學、史學而發揮的。這對人類文化演進的道理確有大貢獻。這須由孟子至於中庸、易經，始完成了這一方面的精義。以上大體是說的本體論方面的。

五

現在我們繼續探討人生論：

大學三綱領由「明德」、「親民」到「止於至善」。朱子註「止」字說是：

至於是而不遷。

這就是說：跑到這裏，不再移動。這是「止」字的極好解釋，因爲他講出止字的精神來。當知「止於至善」是一種不易做到的境界，因爲止於至善是絶對的，非相對的。何以說呢？譬如別個國家侵犯你，你便和那國家開起戰來，這便失了和平。戰爭便不是至善，無論你是主動或被動，你既從事戰爭，便不是至善了。從私人方面講，父慈子孝是至善的，世上儘有人因父母不慈，他也不孝，這便不是止於至善。無論國家怎樣，我總是要愛國，總是要忠於國。不管父母如何，我總是要盡孝道，總是不失做兒子的本位。這才算得止於至善。中庸上曾舉射箭爲譬：

射有似乎君子，失諸正鵠，反求諸其身。

一般人射箭不中，他自然說自己的射法不熟巧，卻不敢以爲是箭靶子的地位放得不正。是自己射得偏左了，不是箭靶子的地位偏右了。只要你能射，無論箭靶子地位偏左偏右，你都能射中。假如你不會射，無論你把箭靶子的地位如何合你意般移動，還是不能中。所以你不必移動箭靶子，最好是反求諸其身。現在我們政府以爲人民不好，人民以爲政府不好。政府看人民總以爲不如外國人民好，人民看政府也以爲不如外國政府好。這都是想移動箭靶子的觀念。所以大學推究欲治其國者，先齊其家，再推到修身、正心、誠意、致知的功夫，而致知在格物。上面說過，物是標準，如果標準不定，行動是沒有辦法的。所以靶子最好不移動，而應該去想改良你射箭的方法。這就是盡其在我，這就是格物，這才是治國平天下的根本之圖。

中庸又說：

> 寬柔以教，不報無道。

政府對人民，人民對政府，要互相諒解。將自己的心放寬了，放軟了，碰到死硬派，不理會他。這不是示弱，還是一種教訓。國家和人民如此，個人相與亦如此。此種精神，即是「中庸」之道。

中庸之道最講理，可是並不是妥協，也不是不著兩頭的折衷。不著兩頭的折衷，是不死不活的。鄉愿派不是中庸，中庸是「執其兩端，用其中於民」。任何兩極端都可用，只要能中，便不論其極端與非極端，抑是此極端與那極端。所以只要你是忠臣，漢、唐盛世可以忠，南宋、晚明之世，一樣的能忠。只要你是孝子，以文王爲父，可以做周公；以瞽瞍爲父，也可以做大舜。大舜對於他的父母的種種橫逆，都能容忍。他只用盡種種方法，不離孝道，這便是「反求諸其身」的榜樣。也是「寬柔以教」的精神。那樣才算得「止於至善」。孟子書中有一段發揮這道理說：

君子所以異於人者，以其存心也。君子以仁存心，以禮存心。仁者愛人，有禮者敬人。愛人者人恆愛之，敬人者人恆敬之。有人於此，其待我以橫逆，則君子必自反也：我必不仁也，必無禮也，此物奚宜至哉？其自反而仁矣，自反而有禮矣，其橫逆猶是也。君子必自反也：我必不忠。自反而忠矣，其橫逆猶是也。君子曰：此亦妄人也已矣！如此則與禽獸奚擇哉？於禽獸又何難焉？

這就是「失諸正鵠，反求諸其身」。一切總是以自反爲主。一而再，再而三，總要射中那靶子。這種功夫爲之不已，說他頑固，算是頑固到極點。說他自然，也自然到極點，正符合上面本體論所講由誠顯性的地步。「成己，仁也；成物，智也」，他不但是成就了自己，還成就了大衆。所以說是「性之德也」，就是得著人我內心之所同然。性善的確證在此。這是「合外內之道」，把自己與大衆打成了一片。「固時措之宜也」，「無入而不自得」，什麽地方、什麽時候，只要有此精神，自然做得無不合宜。這才算盡了一己之性。盡己之性，可以盡人之性，然後可以盡物之性，而後可以贊天地之化育，與天地參。這還是自己性分上事，豈是上帝的意志管得著的？又豈是簡單的拿嬰孩的本能之說，可以講得清楚的？

中國的傳統文化，正因爲有此種精神貫徹在內，所以既悠久，又堅韌，直到現在，還能屹立於天地之間。這是由本體論表現在人生論上的偉績。

上面把孟子、中學、大學、易經一貫的道理弄明白，才算明白了儒家的中心思想，最高理論。下次講儒家的反對派，再作比較的研究。

第四講　墨子

一

上兩次講儒家思想，這一次接講儒家的反對派墨家。我們上面說過，研究思想史，應該由精細的地方，找出各家各派相互間的不同點。但是不同之中，終有他們的相同處。大凡成功一派思想的，必有他的條理與方法。我們順著他的條理與方法，隨便拈出他所闡述的一段理論來研究，你試追尋此段理論從何而來？問他個爲什麼？則必然見有他的來源，他的根據。如此一路問上去，問到他思想的最後根據，即是他理論的最先發源處，亦可說是他理論之最後歸宿處。這好比一座山，必有一個主峯，再就主峯尋上去，纔找到他屬於那一山脈。又如水道，也要慢慢尋找。長江的發源地，直到明代纔找到。此在思想上說，所謂「言有統宗」。一切成家成派的言論，必有他的系統與宗主。粗淺的講，如由兒子追到父親，又由父親追到祖父，曾祖父以上，乃至所知的始祖，終究要找到的老祖宗，這叫做「萬法歸宗」。

思想家講話，看來很複雜，但是有他最重要的一句話，做他一切話的宗本。因此一切思想家，都可歸在幾個大系統裏面，儘管是各有各的理論，但總不外於幾個系統的最高原則之內，我們可以借用佛經裏一句話，叫它做「第一義」。由第一義再產生第二義、第三義，以至無窮。轉過來回到第一義，即是他說話的最後根據，從此再追問他，便沒有了。如果還有根據，則還不算是他的第一義。以此眼光來看全世界的各思想家，大體可以分做三個宗派，也可以說四個系統，任何一個思想家必不能外於這個宗派和系統。

第一是「天統」。這是宗教家，以上帝的意志爲他們的最後根據，一切理論最後歸宿都在上帝，惟有上帝便不用再加解釋了，此外哲學家裏有宗天、法天的，也可歸入這一派。

第二是「人統」。此一系統又可分爲兩派：一種是根據自己的，一切從自己出發，「我」就是第一義。如德國的尼采，即屬此派，可稱爲「己統」。另一派是以人類大羣爲宗，最後歸宿在大羣集體。不看重個人的地位。如西方德、意的納粹主義，和蘇維埃的共產主義，就是由此派思想所發揮。此可稱爲「羣統」。己統與羣統，大抵多講政治、社會，以及倫理、教育等問題。

第三是「物統」。一切理論以物爲根據，人也是一物。此派演成一切自然科學以及哲學中之「唯物論」者。如達爾文進化論可爲一例。他拿自然的眼光來研究一切，決定一切。主宰一切的不是上帝，也不是人自己，而是外面的物。

二

以上四系統，天統成爲「宗教」，物統成爲「科學」，人統中講的是政治、社會、倫理、教育等等，由己統演成「個人主義」，由羣統演成「社會主義」。

若把「理」字來講，天統講的「天理」，物統講的「物理」，己統講的是「情理」，羣統講的是「法理」，或說「事理」，因此他們更各各言之有理。任何思想家，總逃不了這三大宗派、四大系統。若講到詳細的節目，當然也還有許多區別。

現在我們回看中國古代思想。孔子是屬於人統的，在人本思想中，他又以自己爲出發點的，所以孔子是「己統」。儒家另一派荀子，則側重羣衆大團體，他看重講禮節、法律，著眼在大衆上，應屬「羣統」。莊、老法自然，屬「物統」，墨子宗法上帝，當然屬於「天統」。因此道、墨兩家都是儒家的反對派。

漢儒講「五常」，把孟子所講的「仁、義、禮、智」加上一個「信」字，這五個字恰巧可以分給這四派思想。

孔子發揮的是「仁」字。仁是你自己的心，由心之所同然處出發。墨子認爲孔子的講法有毛病，以自己爲出發點，其弊每易流於自私。就如孝道，你孝你的父母，他孝他的父母，豈不成了各自的私心？個人主義、家族主義，狹小的自私主義，毛病都在此。

墨子想改正過這偏處來，才提出「義」字來講。義就是公的，今天江湖上和幫會中人，有事大家做，有錢大家用，都稱爲「義氣」，便是此義。

孟子時代比墨子稍後，他便採取了墨子學說的優點，加進孔子思想裏去，把「仁」字與「義」字一同講，墨子的一半天下，仍然被儒家收回來。

荀子學說以講「禮」爲中心，一切重在大羣，所討論的都是些風俗、政治、法律等等的問題。莊子既屬自然主義者，他雖反對知識，其實他所講的還是偏重在「智」字，就是要找出事物的真相與自然的條理來。

所以說仁、義、禮、智四字，恰巧形成學說上的四個大流別。但要成功一派思想，還有一個基本條件，就是要「信」。要「自信」，又要「共信」。如果你自己不能自信，又得不著大衆的共信，如何能形成一派學說呢？

但思想上又有主「融通」與主「簡棄」的分別。

如近代偏激的唯物論者，他們只尊一統，而拒絕了其他各家各派的理論。古代宗教家，也有採取極端排斥，與壓抑異端的，這些都是尚簡棄者。尚融通的，則他自己雖有一立場，而主張吸收別人觀點，調和融化。儒家態度之長處，便在此。孔子思想極重融通，因此後來儒家很注意把各家各派的長處吸取，再融而爲一。如孟子已經融會了墨子，後來中庸講「贊天地之化育」，便融會了莊子。

即如佛教，極爲偉大，但傳到中國，也被儒家融會了。佛教說「空」義，儒家講修身、齊家、治國、平天下。但宋儒說：「堯舜事業如太空中一點浮雲過目」，宋、明儒卻能接受佛教精華，但還是儒家面目。中國思想，因受孔子與儒家思想的影響，故能包容一切，慢慢兒把他消化下去。自孔子以來的儒家，都不約而同的朝著這方向走，此是後話。現在我們先把批評孔子與儒家的墨、道兩派講一講。

三

墨子要反對儒家的個人主義，他所講的最高標準便是「天」。孔子說：

> 己所不欲，勿施於人。

這是他所說「一言而可以終身行之」的「恕」道。但恕道也還是從自己出發，把自己做標準。墨子不宗己，轉而宗天。他說：

> 天何欲何惡？天欲義而惡不義。（天志上）

又說：

義自天出。（天志中）

天所要的是義，天所厭惡的是不義。「義」是上帝所定的標準，因此義是屬於外邊的，不是由你或我個人生出的。現在社會上結拜的兄弟叫義兄弟，還有義子、義父，都是外邊生起的關係，可見社會上用義字還是看他是外邊的。

墨子講「義」有三大法則，他說：

天欲人之有力相營，有道相教，有財相分也。（天志下）

你有氣力，天要你幫助人家作事。你有錢財，天要你分給大家。你懂得道理，天要你傳授給別人。這三條，是墨子提出來的義，這叫做「正義」。墨子說：

義者，正也。（天志下）

又說：

正者，無自下正上，必自上正下。

所以墨子主張「尚同」。尚同之極，便是上同於天。尚同便只有一義，故說：「一同天下之義」，又說：「尚同一義」。他又說：「一人一義則亂」，故他「置天志以爲儀法」，使大家法天一儀，這便是「大同」世界。若你「有餘力不能以相勞，腐朽餘財不以相分，隱匿良道不以相教」，那些都是不義，那時的世界也便不能大同，最多只是「小康」了。必明白得上面一番話，才可來講墨子的「兼愛論」。

現在人都把他兼愛的意思講錯了，以爲兼愛是泛愛、博愛，對任何人都同情，便是兼愛，其實此非墨子義。須知「兼愛」的反面是「別愛」。愛有了分別，如儒家「老吾老以及人之老」，此即是別愛。「老吾老」，是從自己的關係而起。照墨子說：「上帝看一切人一律平等」，因此愛人也要平等的愛，怎能以自己的親疏面對人分厚薄呢？你既以自己爲本位，那麼一個人有一個自己，即便是「一人一義」。墨子說：

順天之意者兼，反天之意者別。

這是說天的意思是無分別的，分別的只是人。即如中國人以中國爲第一位，日本爲第二位；日本人也以自己爲第一位，中國爲第二位；當然要打起來，天下大亂，病根在此。墨子的兼愛，是平等的，看別人的父親要同自己的一樣，所以說：

視人之父若其父。

這層似乎不易做到。但返過來說，你看自己的父親同別人的父親一樣，就容易了。這一點很像耶穌。在新約馬太福音第十二章有一段說：耶穌正在播道，或告耶穌，其母及弟來，欲與耶穌言。耶穌云：「孰爲吾母？孰爲吾弟？」乃張手向其徒曰：「凡遵行吾天父意旨者，一切老的都是我的母親，一切少的就是我兄弟。」照耶穌的話講，是不分別愛的準繩。這樣無分別的愛，第一個吃虧的自然是他的父母。所以孟子說：

墨氏兼愛，是無父也。

但墨子說，照我講法，全世界人都成了我父母的兒子，那裏會吃虧呢？

墨子又說：「譬如你有兩個朋友，一個講別愛，一個講兼愛，你現在要出門遠行，你的家庭想託給兩個中那一個照顧呢？想必你是一定交給那講兼愛的了。可見世人也都贊成兼愛，但為何在理論上卻要反對呢？」話雖如此，實際卻儘有問題。你要看別人父親同自己父親一樣，固不易，你便看自己父親同別人父親一般，亦有困難。墨子的兼愛論，到底有些違反人情，所以墨子學說不容易得到後人的贊同。

孔子只講「仁」，凡事只問你自己良心安不安。宰我反對三年之喪，孔子說：

於汝安乎？汝安則為之。

孔子只講「人情」，孔子要在人情上來建立「天理」。墨子卻把天理來抹撥人情。我們問他的道理？他便推到上帝頭上。

但墨子講上帝，又和耶穌不同。耶穌說他是上帝派來的，耶穌就可以代表上帝。墨子卻不能，他不像耶穌般說他是上帝的兒子，由上帝派來，這裏邊便有一個信仰的問題。正如古代的猶太人、阿剌伯人，都信有個上帝，都信上帝會派人到世上來。由「共信」醞釀出「自信」。所以耶穌和穆罕默德都自信自己是上帝派來的人了。中國古代早已沒有這種信仰，先已無有此種共信。墨子也不能忽然的自信。因此墨子講上帝，卻須另外找根據。他說：他講上帝是有根據的，他的根據有三：

一、是本之於古代聖王之言，都在講天，都在講上帝。

二、是社會上一般人也都看見上帝，聽見上帝，自然的會對天發誓。

三、你若相信了上帝，自然會有好處。國家、社會、私人皆然。

墨子拿這三個道理來講，這是一個理論的信仰，邏輯的宗教。墨子並不想做教主，而是一位「功利主義」、「實用主義」者。請問功利主義和實用主義，如何能仰賴在上帝身上呢？而且墨子講的，不是個人主義的功利和實用，乃是爲大羣著眼的功利和實用。試問你單把空洞的一位上帝，如何能得每個私人的服從和擁護呢？墨子學說內在的矛盾如此，宜乎不能暢行。

歸結來說，要使人捨棄自己的情感來服從你，除非你用宗教的信仰來克服他，或是以法律來強制他。如墨子宣揚兼愛理論，說這是上帝的意思，試問上帝在那裏呢？墨子又要拿另外的道理來講，便沒有力量了。這個上帝已不是他的最後根據了。

但墨子不僅他私人的人格有力量，他的學說也有力量，他反對儒家，儒家卻不得不採用墨家。孟子書中曾和告子辯論過「仁內義外」的道理。告子義外的主張，很接近墨子。孟子把墨子的道理容納下去，略爲改變，說仁義皆由內發。此一段辯論，關係甚大。儒家思想因爲能融化墨義，由此遂樹立了儒家的不拔之基。

四

儒家有一部書名叫孝經，不知是誰作的，這一部書也很採了墨子思想的精英。孝經說：

> 先之以兼愛，而民莫遺其親。

孝道不僅對父母，還要推擴到各方面，這些實在就是墨子尚同、兼愛的道理。章太炎先生曾有孝經用夏法說一篇文章，已經見到此層。孝經是此後儒家一部人人必讀的書，但早有墨義包容在內了。

此外小戴禮記中的禮運篇，也是採自墨子的。禮運講「大同」，便是墨子的「尚同」，他說：

> 大道之行也，天下爲公，選賢與能，講信修睦。故人不獨親其親，不獨子其子，使老有所終，壯有所用，幼有所長，矜、寡、孤、獨、廢、疾者皆有所養。男有分，女有歸。貨惡其棄於地也，不必藏於己，力惡其不出於身也，不必爲己。是故謀閉而不興，盜竊亂賊而不作，故外户而不閉。是謂大同。

今大道既隱，天下爲家，各親其親，各子其子，貨力爲己，大人世及以爲禮，城郭溝池以爲固，禮義以爲紀。以正君臣，以篤父子，以睦兄弟，以和夫婦，以設制度，以立田里，以賢勇、知，以功爲己，故謀用是作，而兵由此起。禹、湯、文、武、成王、周公，由此其選也。此六君子者，未有不謹於禮者也。以著其義，以考其信，著有過，刑仁講讓，示民有常，如有不由此者，在勢者去，衆以爲殃。是謂小康。

此處所謂「不獨親其親，子其子」，豈不是墨子的兼愛嗎?所謂「貨不藏於己」，豈不是墨子有財分給別人嗎?所謂「力不出於身」，豈不是有力量幫助人嗎?大同是天下爲公，小康是天下爲家。天下爲家，正是墨子最反對的儒家流弊所必至。

今附帶說及此：「天下爲公」的「爲」字怎麼講?今人一般都當做「是」字講，說天下是公的，這實在是誤解文義。此句應連上句一起講，說大道推行的時候，天下都是爲了大衆。我的氣力是爲了大衆，我的錢財、學識也是爲了大衆。而小康時代，卻是爲了家庭著想。

儒家思想講到大同，是最開擴的了，卻是抄襲了墨家精彩的意見，但卻排除了墨家的糟粕。因爲他不再以上帝爲出發點了，他也不說視人之父若其父了。「他山之石，可以攻錯」，儒家反對派的墨子，卻完成了儒家思想的體系。所以墨子的學說，現在像似失傳了，其實他的精意都已收在儒家裏面。我們由孟子、孝經和禮運的大同篇，可見到墨子的偉大，也可見到儒家思想的偉大，這也正是中國思想史上偉大的一點。

第五講　道家

一

中國思想的三大派：儒家以「人」爲出發點。墨家是儒家的反對派，以「天」和「上帝」爲出發點。道家也是儒家的反對派，以「物」爲出發點。墨家、道家的時代，都在儒家之後。他們多少都矯正了儒家思想的缺失和流弊。

我們若再就另一方面說，儒家是「人本主義」者。墨家雖然講天和上帝，但上帝的來源，是本之於古代聖王之言，和百姓耳目之實，並謂：「信仰上帝，對人類社會，自然有好處。」這三個原則，可以說都也站在人類的立場而講，還是根據的人本位。

至於道家思想就不同了。他以爲人之外，還有很多東西。怎麼能以人的立場，來講盡了天地間的大道理呢？人在天地間，地位太小，站在很小的地位，講很大的道理，「以有涯隨無涯」，是不可能的。所以道家可以說是「非人本主義者」，或「反人本主義者」。他超出人的立場，把人類平放在萬物中間。我們不妨稱道家思想爲「物本位」的思想。

這樣，中國上古思想的三個宗派，歸攝成兩個，即是「人」與「物」的對立。上次講，墨家的精彩理論慢慢的被儒家吸收了，所以古代最先是儒、墨兩大派，而後來卻變成儒、道兩大派。

二

道家思想的代表，應該先輪到莊子，而老子在其後。老子書的時代在莊子後，此屬考證學範圍，今不詳論。

荀子批評莊子說，他只「知有天而不知有人」，此話極深刻有力量。若用現在語說之，莊子所說的「天」即是「自然」，也即是「物」。荀子也只是批評莊子是一個「物本位」主義者。但說天即自然，此理易懂。自然即是物，此理便難曉。反過來說，物即是自然，自然即是天。莊子講的物，即是自然，即是天。此義似須解說。因爲莊子對物的看法，與一般大不同。一般人所說的，指萬物言，包括有生物、無生物。生物之中，又有植物、動物，如是乃至於萬物。莊子的看法，卻不這樣。他以爲要「視其所一」。就是要在一個地方去看萬物的共通性。徹底的看，世界上只有一件東西。只有一物，而非萬物。這便涉及了「一」與「多」的問題，即是「同」與「異」的問題。莊子說：

自其異者視之，肝膽楚越也。自其同者視之，萬物皆一也。

又說：

假於異物，託於同體。

他的意思是說：一切物，全是假借許多的「異」，來形成一個共同的「一」。這和佛經上說人的身體是地、水、火、風，四大和合；西洋人說人是幾十種元素拼合而成的意義相同。你不要看他是一件東西，要知道是許多東西混合而成的。因為和合，所以沒有自性。照莊子的講法，一切物都可合可分，拼起來成一件，分開來就沒有。因此他又說：

合即成體，散則為始。

就是說許多東西合成一件東西，散開來又變成另一件東西的開始。這又涉及了「成」與「壞」的問題，所以說：

道通為一。其分也，成也；其成也，毀也。凡物無成與毀，復通為一。

這樣，任何一件東西都有兩個問題，一是「同」與「異」的問題，一是「成」與「壞」的問題。換句話說，也即是「是」與「非」、「生」與「死」的問題。你不要以我為我，須知我只是許多東西拼成的。拼成的東西一旦分散，便是死。此是人生最大問題。「死」在這一個集合之內算為結束，但又是第二個集合的開始。死和生是更迭為因果的。

「死生」問題同時也是「是非」問題。死了便非我，活著的是我。一般人的想法，「死生」

與「是非」是兩件事，好像不相關涉，講到高深處，「死生」與「是非」是一件事。莊子思想的主要點，只在說明「死生」、「是非」的一件事，說明他是一個。天地萬物，逐一分析，便只賸了這一個。這一個是什麼呢？他以爲一切東西分析，到最後是「氣」，希臘人叫「原子」。西洋近代科學分析到「電子」。電子只是一「動」。「動」與「靜」相對待，也即是陰陽。莊子說：「天地一氣」，又說：「氣分陰陽」，很和希臘人及現代科學相近。

「氣」要變的。「氣變而有形，形變而有生。」氣體拼合成物質，物質拼合成生命，這也很合於科學的，陽電、陰電配成了「電子」，以至於配成了生物。所以「人之生，氣之聚也。聚則爲生，散則爲死」。

綜結來說，天地之間，事事物物，假如拿不同的眼光看，是很多很多的東西，假如拿一個同一的眼光看，只是一件東西。這一件東西便叫「氣」。「生死」、「是非」，只是一氣之聚散。此乃莊子的自然哲學，也即是莊子的宇宙論。講到此處，我們回想到第一講子產、范宣子的說法，同樣不主張有靈魂，同樣接近於唯物論。這是中國思想之共通點。我們講中國思想，應該注意這一個共同傾向，莫忽略了。

三

現在再由宇宙論講到形而上學，要比較難講些。我們試舉目一看，圓顱方趾都是人。人是動物中的一種。動物以外，還有植物。有生物以外，還有無生物。有生物、無生物都是物。我們試問人從什麼地方來？我們的始祖是誰？西方人說上帝造人，人是靠上帝降下靈魂而有生命的。佛家講輪迴無始有終，佛性無始無終。科學家由猩猩再推上去到生物、原生動物、無生物，依此推到地質學、天文學，以至於太陽。但太陽是那裏來的呢？遂又推到星雲。然而天體無涯，再問星雲那裏來的？便無法回答了。莊子既說萬物原本於氣，氣還是在天地之間。有沒有一種東西，先於天地的呢？他說：

物物者非物。

就是說：創造東西的，必不是東西。譬如我必是非我所造。又如杯子，是造杯子的人所造，即不是杯子的本身。他又說：

物出，不得先物也。

這意思是說：萬物之先，必定沒有物來造作。假如還有能造作的物，還應有造作他的物，便永遠數不完。宗教家說上帝造萬物，試問上帝又誰造的呢？此亦無法回答。莊子的結論說：萬物出於無，有不能與有爲形，必出於無。這解答最徹底，在理論上當然如此。我們若再問「無」爲什麼能產生「有」呢？須知這是人類的思想習慣。思想只是內心講話。講話用的一切名字和文法，卻不一定和外面真理實際相符。你一定要問世界一切萬有從那裏來？便只好說從沒有來。「沒有」如何能生「萬有」？講到這裏，便不能講，不能想，此之謂「不可思議」。莊子教人「心齋」、「坐忘」，就是要領略這個境界。如果儘憑講話來研窮天地間萬事萬物，這是靠不住的。此一問題，已超於宗教、哲學、科學之上，已不是理論思想的問題了。必不得已而定要理論，定要思想，則「凡東西，必不是東西造成的。凡有，必不是有造成的」。此是莊子的形而上學。

以上說明了宇宙怎樣來？來自於「無」。如果往下講，人死了還歸那裏？依然還歸於「無」。生物還歸於無生物。無生物又還歸於地球、太陽、星雲，以至於還歸於無物，結果依然是還歸於「無」。所以人生由「無」而來，向「無」而去，這裏便由「宇宙論」進入「人生論」。但是這道理怎樣會知道的呢？這又是講到「知識論」的範圍，此問題更複雜了。

四

上面講到「生死」、「有無」，便已是講到「時間」的問題了。印度人講時間，分爲過去、現在、未來三世。近代科學家亦是如此。往上面講，由動物學、生物學到地質學、天文學，愈講愈遠，講不完。往下面講，一樣講不完。無論在印度人或西洋人的腦子裏，看生命，看世界、宇宙，都像很長的一條線。過去一頭看不見，未來一頭也看不見。現在只是這麼一點點。由不可知的過去，到不可知的未來，所可知者，只是現在一段。又是那麼短促。那麼狹窄。

現在我要問諸位：你認爲過去的不可知與未來的不可知，究是兩件事呢，還是一件事呢？在你既是同樣的不知道，又如何知道那兩個不知道，定不是一個不知道呢？這兩個無窮的兩端，你如何又知道他們斷不會碰頭的呢？假如會碰頭，豈不便成了一個圈？我們只知道很短的現在，至於始的無窮，與終的無窮，我們的知識分不出他是一、是二。一般人的想法，只想他是一條線（如後圖甲），爲何不試想他如一個圈呢？現在的天文學家講天體是一個圓形，假如在此放一道光，儘遠的去，最後仍得跑回來，那條光到盡頭，成爲一大圈。莊子說：

焉知其所始？焉知其所終？

又說：

物有死生，道無終始。

這是說：時間便是一大圈，所以沒有終始。也可說終即是始，始即是終。只短促的人生，在那大圓圈上，好像有一個起訖死生罷了。你把一個圓圈，一段一段切開，便見段段有起訖，那便是「物有死生」。若把此一段一段依然連接成一圓圈，則並無首尾並無起訖，那便是「道無終始」了。所以從道的觀點看，「來」也不可知，「去」也不可知，只是這東西在不停的運行。

一切物分析到最後極微點，叫他做「氣」，氣的以前和以後都沒有名字，勉強叫他做

「道」。「道」沒有開頭，也沒有結束。便也沒有「死生是非」。於此可知莊子的道理，他說沒有天地以前就有「道」。「道」是生天生地、生上帝、生鬼神、生一切萬物的。老子說：

有物混成，先天地生。不知其名，強名之曰道。

這是道家的形上學。但我們莫誤會了，認爲真有一個「道」，在那裏生天、生地、生鬼神、上帝，那又失了莊子的原義。莊子書中又設爲子貢問孔子說：「未有天地可知乎？」孔子曰：「可。古猶今也。」沒有天地以前，仍和既有天地以後一樣，這就是說明「道無終始」的道理。道家的思想，總是警策人，不要根據你的小知識來瞎講。時間無限，空間無限，無限不可知。你如何憑你短促微小的生命中間所有的一些兒知識，來斷定他們是異是同，何來何去？而且你這些兒知識，還是包裹在無限不可知的裏面，並不能超不知以爲知。你所謂知者，依然是一無知。因此莊子說：「不知」是道，「渾沌」是道，而「明辨有知」反而不是道、不近道了。所以有知還是無知，有物還是無物。一切萬有，只是一無。試問這無又從那裏來呢？則須知現在的有，就便是無來，永遠在那裏變。有即沒有，沒有即有。老子說：

常無，欲以觀其妙；常有，欲以觀其徼。此兩者同出而異名。同謂之玄。玄之又玄，衆妙之門。

這是說：同一天地，同一萬物，你試從「無」的方面看他從那裏來？又從「有」的方面看他從那裏去？其實「有」與「無」本無分別。萬物的來源，是一樣的。他們的去路，還是一樣的。人與狗，生物與無生物，只是一時名字稱號不同而已。從此看進去，便是「衆妙之門」。一切微妙端倪，都從此出。

假如說世界是上帝造的，那麼世界如印字板刷出來的，未免太不科學，也太不合邏輯了。莊子說：

> 無始，非卒也。始卒若環，莫得其倫。

「環」便是圓圈。在圓圈上看不見始卒。每一個開頭，即是結束。每一個結束，也即是開頭。佛法與西洋科學講的無始終，是一條線的兩頭無限。而莊子講的開頭結束是一圈，是當體具足，沒有對待的。你既不知道開頭何始，結束何終？怎麼知道開頭和結束定是兩個，不是一個呢？你怎麼定知道是一條線而非一個圈呢？這是「知識論」上一大問題。印度和西洋主張「無限」，而中國則主張「具足」。從他們形而上學的認識不同，而影響到他們的人生論。在這方面，道家思想，尤其是莊子的思想，他的循環無倫的看法，實在於全世界人類的思想史上，有他絕特的貢獻的。現在試設爲三個圖如下：

圖甲

圖乙

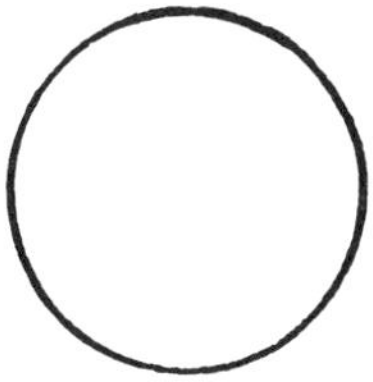

圖丙

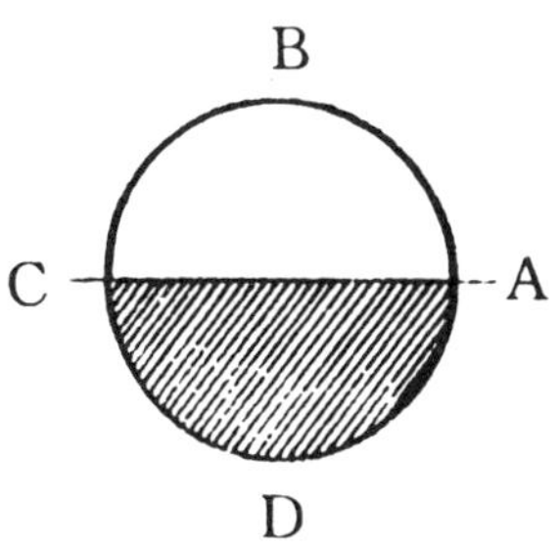

圖甲表示印度和西洋的思想，是一條線的，兩頭無始無終。圖乙表示道家的思想，「始卒若環」，此下便演變成太極圖。圖丙是我綜合各家的發明。上面ＡＢＣ一段，是我們生命中所可知。下面ＡＤＣ一段，漆黑一大團，便屬不可知了。上面的「知道」和下面的「不知道」，渾淪一體。譬如一個球浮沉在水面，水平上的部份，和水平下的部份，本屬一體。這和我上次所講「一陰一陽之謂道」，陽只是陰的另一面，陰也只是陽的另一面，陰陽不能單獨存在，意義相同。論我們的有生之時，不過一百年，不生的時候，卻不知若干年？人類的歷史，只有幾千年；沒有歷史的時代，卻不知有若干年？自有生物以來，假定有幾十萬年；沒有生物以前，卻又不知有若干年？所以莊子以爲世界上可分爲兩件事：一是可知的，一是不可知的。過去的不可知與未來的不可知，不能勉強分他爲兩個。知道的與不知道的，由ＡＣ一段切線分開來，切線便是我們的生命，也即是我們的知識。人類的生命變動，知識也隨而變動，所以那切線隨時在移動。因此，ABC一部份也隨時變動。譬如水上浮球，那球身之呈現在水面上者，也是時時轉動，不能凝定。在此時是可知，在彼時又變成不可知；在彼時可知，在此時又變成不可知。總之，可知只是不可知之一部份。球的總體是一不可知。可知部份是生命，不可知部份是自然。生命，即是自然的一部份。人，即是天的一部份。

所以莊子反對儒家以自己來衡量天地。他以為知識既無止境，所以最高的知識，要能在不可知的邊緣停下。你的知識，要儘限度能停止在不能知的邊限上。莫冒失跨過此邊限，強不知以為知。若如莊子意，宗教家、科學家，都犯了此病。宗教家不用說了，即如科學家講生物進化，「優勝劣敗」，斷定人類必會滅絕；此已是不可知的邊界，只是一種假設，一種推斷。因為馬爾薩斯人口論的逆測，居然引起帝國主義攘奪殘殺之慘酷，豈非至愚？至於宗教殘殺，更屬盡人皆知。西方科學家和宗教家，都不肯在不知的邊界上停下，所以還有時而窮。中國說：

以其知之所知，養其知之所不知。

此一「養」字最妙，就是叫你聽其自然，不要性急，不要胡鬧，我們遇不知道的，只拿你知道的來培養。我們只知道這一點，便在這一點上停下，來培養我們不知道的許多點。莊子並不叫我們去尋求知道以外的事，但也並不教化我們全不要知道。並不是不許我們有所知，只是叫我們不要强不知以爲知，要拿知道的來培養不知道的。所以，要解決了人「生」的問題，才能解決人「死」的問題。「善吾生者，乃所以善吾死也。」荀子說「莊子知有天而不知有人。」可算是不懂莊子思想的全體。

五

莊子又說：

> 天與人不相勝。

這和一般人所想「人定勝天」的道理，恰恰相反。他的意思是說：知道的與不知道的孰多？你爲什麼知道你所不知道的，比你知道的多呢？你根本不知道。那麼不知道與知道，豈不平等了嗎？假如你定要擴充大你知的領域，以人助天；譬如揠苗助長，或者催促小孩子長大，豈不是幹傻事？你不要以天抹搬了人，不知道的儘多，但也不妨有知道的。也不要以人抹搬了天，你有了知道的，卻不要忘了你還有不知道的。知道與不知道，相對並行，天不能勝人，人也不能勝天。這是「以其所知，養其所不知。」

這在講莊子的知識論，而又講到他的人生論的範圍去了。莊子並不是反對知識，看重自然，他以爲生命就是自然，知識就是自然。但爲什麼定要固執的看重了生命與知識，而看輕了自然呢？晉獻公伐戎，獲驪姬，驪姬哭得傷心。後來做了晉后，想起當時何必哭呢？莊周夢蝴蝶，真覺開心適意。醒來，依然是莊周。究竟是莊周夢蝴蝶呢？還是蝴蝶夢莊周？莊周也不必去管蝴蝶，蝴蝶也不必去管莊周。生不必管死，死不必管生。不知道的讓他不知道，知道的讓他知道，各不相犯，便得其養。所以，莊子妻死，鼓盆而歌。他根本無從知道他的妻子死後快活呢？不快活呢？既不知道，而爲之悲傷，豈不是多餘嗎？進一步說，今天不必管明天，我也不必管人。莊子大宗師有一段故事，茲引原文如下：

南伯子葵問乎女偊曰：「子之年長矣，而色若孺子，何也？」曰：「吾聞道矣。」南伯子葵曰：「道，可得學邪？」曰：「惡！惡可！子非其人也。夫卜梁倚有聖人之才，而無聖人之道。我有聖人之道，而無聖人之才。吾欲以教之，庶幾其果爲聖人乎！不然，以聖人之道，告聖人之才，亦易矣。吾猶守而告之，參日而後能外天下。已外天下矣，吾又守之，七日而後外物。已外物矣，吾又守之，九日而後能外生。已外生矣，而後能朝徹。朝徹而後能見獨。見獨而後能無古今。無古今而後能入於不死不生。」

他由「外天下」、「外物」以至「外生」，不是不要生，而是要不怕死。這樣頭腦才會清楚，好像早上看的清楚般，這叫做「朝徹」。我們有一條生命，就有我的家、我的國……營營擾擾，你管我，我管你。孔子、墨子，都是要管人的。「彼亦一是非，此亦一是非」，天下大亂了。人們如互不侵犯，只看見一個東西，這叫做「見獨」，而後可以無古今、無死生。這道理似乎難懂，「見獨」究竟是「見」一個什麽呢？必不得已而要作一個解説，到那時，你只是知道了你不知道，看見了你看不見。知道與不知道，看見與看不見，渾融爲一，便是那圓圈，便是那獨一之體，便是上面所説「天人不相勝」。這些話太抽象了，但只要將上面莊子的宇宙論、知識論、人生論研究清楚，也就容易明白了。

六

至於莊子的「修爲論」，由齊物論的「因是已」三個字，可以明白。「已」即是停止的意思，就在這上停止下來，便是「因是」而「已」。一般人都拿所知的侵犯所不知的，莊子要就此停下來，要「無適焉」，不從這裏跑到那裏。「靈臺者，有持而不知其所持而不可持者也」。你心上邊總有一件事，但是不必提心的照顧它。譬如你當聽演講的中間，你是不知道在聽演講的。假如以爲我在聽演講，心就分了，就聽不清楚。又如看電影、看小説、聽音樂，要到忘其所以的地步，才是最精采的當兒。又如寫字，假如當心寫字，字便寫不好了。所以心上的事，一切不能「持」，「持」了，便不成。

莊子説，要「約分」。就是約其本分。切不要拿我們的一分，侵犯到其他的千萬分。今天是幾千萬天中的一天，不要拿今天侵犯到其他的幾千萬天。人有人的道理，狗有狗的道理，不要拿人去衡量狗。今天有今天的道理，即使明天要死，今天不必侵犯明天，去計較他。面前擺著的東西不吃，而去找那找不到的東西吃，可謂自尋苦惱。如果能「約分」，今天既不必管明天，我也不必管人。如果强人同己，就要發生爭端。人總是不肯在本分上停下，而要跑到自己不知的上面去。

莊子要人「虛」，「虛」不是空。「約分」是不空的。「因是」是不空的。「不知所持」，還是不空的。宋儒喻心如鏡，「無將迎，無內外」，即是莊子的道理。不追逐，不收藏，隨時反應，永遠有東西來反應而無止息。此即是莊子齊物論的「因是已」，確是他精神修養的要訣。

七

明白了莊子思想的大概，現在我們試加以檢討。莊子的思想，是批評儒家的，但他批評的是儒家的流弊，而不是儒家的根本。他批評了儒家的毛病，而不是批評儒家的精神。所以莊子心中還是推尊孔子的。對於孔子門下的顏回，更可謂是無間辭了。

但是莊子思想也有毛病，如把心當做一面鏡子，不將不迎，應而不藏，他說「惟道集虛」。後人又在「虛」字下加一個「靜」字，其實心不像一面鏡子，並不是靜的。心是要有感應的。易經講心，譬喻作龍，龍是能動的，鏡是不動的，這便是莊子不及易經處。又莊子似乎只講到人的理智，沒有講到人的性格。所以我說莊子思想較近於科學。科學是冷靜的、純理智的。孔子便把「性格」、「理智」合一而談，而尤其是對於「性格」的成分居多。莊子講「約分」，各走各的路，純是個人主義。孔子講孝道，孝不免要涉及到父親、母親。但兒子的孝，父親、母親必不拒絕，必能接受。「己所不欲，勿施於人」，「己欲立而立人，己欲達而達人」，雖然由自己出發，畢竟人我合一。後來易經自「潛龍勿用」到「亢龍有悔」，是本於莊子講「一氣之化」而進步了。氣只是自然，龍便是人生，所以荀子到底要說「莊子知有天而不知有人」了。中庸講「贊天地之化育」，也是本之於莊子而又進步了。儒家真聰明，收納了墨家，又收納了莊子。「化育」兩字，「化」是莊子的，加上「育」字就不同了。道家說「天地不仁，以萬物爲芻狗」，沒有生機可言。儒家說：「天地之大德曰生」，就有了生機。「化育」兩字，「化」是唯物的，「育」才有了性格。所以天地還是有良心的、有感情的。這樣的宇宙論，又變成人本位的了。

自有易經、中庸出世，莊子的地位降下去，不能獨持一幟了。莊子思想的精采處，又爲儒家吸收融化了。所以想打倒孔子，是要有本領的。想擁護孔子，也要有本領的。今後以科學家解釋宇宙人生知識的問題，能否廢棄了孔子？抑或學孔子的人，能否如易經、中庸般的融會莊子，產生出新的儒家？要看今後學人的本領如何了。

第六講　名家

一

上幾次講的中國思想，儒家是正面的，墨家、道家是反面的。儒、墨、道三家，都屬第一流的思想，影響於中國甚大。此後繼續講名家和陰陽家。名家和陰陽家，與前三家不同。只可算是第二流的思想。然此兩派思想，卻很難講，現在已沒有他們的書本流傳了。要用鈎沉的方法，好像沉在水裏的東西，須設法鈎上岸來。

名家與陰陽家的思想，有顯著的不同。名家似乎是墨學的流衍，後來被人反對。到呂不韋時，調和戰國各家各派學說，集爲呂氏春秋，但這書裏面，名家思想已很少，可見名家到此時，業已衰微。陰陽家繼名家而起，陰陽家似是道家的流衍。他普遍流行在社會上層、下層各階級。直到現在，陰陽家思想，還是彌漫。名家思想既已失傳，所以講起來很有趣味。陰陽家爲什麼流行如此普遍？也應該探究出其因緣。再以此兩派，拿來和道、墨兩家作一比較，更可看出學術思想演變中之一種姿態，這是極有意味的。而且中國人爲何不歡迎墨家、名家？而歡迎道家、陰陽家？由此可見中國人的思想理路與其人生態度，所以在講道、墨兩家之後，特地提出此兩家。現在先講名家。

二

我且不講名家思想的正面，先講名家從何而起？又從何而失敗，我曾寫過一本小書，名叫惠施公孫龍，可以參看。惠、公孫兩人，是中國名家的大師。惠施生前著書極多，但全已失傳。公孫龍子傳後者有七篇，字句很爲難講。昔人雖曾有注釋，亦未把握到他的大旨。我曾把他逐字逐句註過。惠施的思想，只在莊子天下篇裏，留有「歷物之意」，共十句。此外在莊子、列子書內，零零碎碎，還有一些。現在講名家思想，所有材料，也只盡於此。據我看，名家是從墨家衍變而來的。

上面講儒家，便有墨、道兩大反對派。現在巧得很，名家、陰陽家兩小派，名家從墨家來，陰陽家從道家來，成了兩幹上的兩枝。

爲什麼說名家從墨家來呢？墨子講兼愛，他最大根據謂是上帝的意旨。這是他不高明處。在他一、二百年以前，子產、叔孫豹諸人，已進步到無神思想，墨子講兼愛，反而開倒車。所以墨子以後，講墨學的人，用他兼愛的口號，不用他上帝的論證。惠施改用「歷物之意」，來分析萬物，分析的最後一句說：

天地一體，氾愛萬物。

這是說：宇宙是一體的（此是他的宇宙論），所以我們要普愛萬物（此是他的人生論）。這結論與墨子同，而講法與墨子異。

墨子只講愛人，如「視人之父如其父」。他在講人倫，沒有涉及人以外的萬物。惠施說：「氾愛萬物」，愛的範圍，比墨子更擴大了。因爲惠施說「天地一體」，擴大了原來的論點，變化了由宗教的、信仰的、上帝的意旨，成爲接近科學的、理論的、自然界的實相，萬物一體。「萬物一體」一語，後來宋、明儒程、朱、陸、王，都喜歡講，其實這是惠施之說。這是名家思想在中國思想史上之大貢獻。

爲什麼說萬物一體呢？上面講過，莊子看物之全體是共通爲一體的，惠施與莊子同時，兩人相處，很爲莫逆，他的萬物一體說，或許尚成立在莊子之前，說不定莊子思想，很受惠施的影響。惠施說：「萬物有小異小同，大異大同。」譬如一個人與一條狗，同爲動物，這是他們的相同點。但人是人，狗是狗，這是他們的不同點。乃至左手、右手，又有更小的異同。而一手的五指，他的異同更小了。若把同點擴大時，動物與動物相同，而與植物、礦物相異。但動物與植物、礦物，同時又同爲一物。因此由異的方面講，小到不可再小，都有他不相同處。由同的方面講，大到任何程度，都有他相同處。「畢同」者叫「大一」，「畢異」者叫「小一」。這是惠施「歷物」最扼要的方法。

三

莊子與惠施同樣講「一體異同」，而兩人相互間也有不同。他們在形式上是同的，在精神上則不一樣。惠施的一體說，是用「名」來分析，因此成其爲「名家」。他拿一切「名」來分析事物。讓我們把我們的話來代惠施說：譬如一座橋，依然是一條路，只路的下面是實的，橋的下面是虛的。路是平的，橋是凸的。可見橋的一名，是比較而生。其實橋與路，並非兩物。又如河，是在地下面一條有水流的深溝，離開了地、溝與水，本來没有河這樣東西。這是從「没有」看「有」。又如看法帖，黑處看成没有東西，白處看成字。再如影子，只能說是没有光的地方。離開了光，便没有影的存在。名家說：「飛鳥之影，未嘗動也。」影子只本是没有光的地方。天地間本來没有影子，而人自認爲有影子，有一物與他物相異。法帖上本來没有字，而人自認爲有字，字與字又各相異。如是言之，一切異相，本屬名言方便。佛經上的名相分析，所謂「離四句，絕百非，非一，非異，非一異俱，非非一……」分析到極點，總是借文字相作表法，與名家用意正相近。

又如射箭，由此處射到彼處，中間必經過一個階程。此階程的中間，若逐一分析，既有過程，即是在過程上一點點的停留。既是一點一點的停留，即可說是沒有動過，諸如此類，名家靠講話來成立理論，都能自圓其說，但講話是靠不住的，每一句話，仔細推究，都有問題。爲什麼叫「我」?千言萬言，越講越不清楚。即此一字，便可見出語言文字之大毛病。惠施在講話中間，講萬物「畢同畢異」，大如一個世界，小如一個原子，這種歷物分析的方法，照莊子的意見，認爲這是蠢極的。講說不盡，分析不完，如人與影競走，終無休息。即如由人看動物，看生物，看一切物，看全宇宙，又往下分析到電子、原子，科學發達，名稱愈弄愈多，這樣多的名相，腦子裏裝不下，將來終得要掃除。拿名稱來看萬物異同，必歸失敗，莊子看萬物異同的方法則不然，他是用的「觀化」的方法。他對一件東西，看他的變化。一切變化，其結果總是一個。惠施說：我與你拼合起來，便成了我們。所以我們是一體。莊子說：我的氣呼出來，你吸進去，我、你內部相通、變化一氣，所以是一體。莊子評惠施以名立言，只「能勝人之口，不能服人之心」，很爲恰當。

莊子書中，有一段記載他和惠施遊濠梁之上，看見魚遊於水，莊子說：「魚真快樂啊！」這是欣賞自然，驀直說出來的。惠施不失名家本色，便說：「子非魚，安知魚之樂?」莊子即以其人之道，還之其人之身，反駁道：「子非我，安知我不知魚之樂?」以名相來講「是、不是」的問題，愈弄愈不清楚。畢竟莊子真能證到「萬物一體」。他以「萬物一體」感覺到魚之樂。其實我講話，人能懂，即此便是「萬物一體」。單靠講話本身，根本講不懂。科學家到此處，只有存而不講。佛經有兩大派：般若經是「破相」之學，分析到最後，一切沒有。涅槃經是「顯性」之學，名之曰「真如實性」。惠施有似於破相，莊子有似於顯性。惠施用名相分析，來建立一切，莊子跑進裏面去觀化，而掃蕩一切。這是惠施和莊子相異之點。

四

有人問墨子：「假如強盜殺死了你的父親，強盜也是人父，視人之父如其父，怎樣辦呢？」墨子說：「還是要殺那強盜。」若照西方邏輯三段論法：凡人都要愛的（大前提）。強盜是人（小前提），所以強盜也要愛（結論）。現在墨子要殺盜，豈不與此推論不合？須知講話有四個方式：一是「譬」，如以甲譬乙。二是「侔」，是兩個東西相比較。三是「援」，如莊子抓著惠施的話來講話，即是援。四是「推」，即是推理。講話總逃不了此四個方式。要看在什麼地方用，用的不對，毛病就大了。比如說：「我騎馬。」在正面說，在反面說，都是完全的。無論騎黃馬、白馬都是馬。如說：「我騎白馬。」在反面說，是不完全的。「我騎白馬」，便是沒有騎黃馬。愛人與不愛人，一個完全，一個不完全。強盜既要殺，兼愛的理論似乎即不能成立。人以此難墨家，墨家不得不申辯。他們說：「騎馬是馬，騎白馬也是馬」，這是對的。如果援以爲例，而說：「强盜是人，愛强盜便是兼愛人」，那便錯了。應該說：「殺盜非殺人，愛盜非愛人。」若你說「愛盜即愛人」，這話講得通嗎？所以說，萬萬不能援！有些事不能縮小，有些事不能放大。

現在人講墨家，講錯了！以爲墨家重名學，是重推理的。其實墨子一直就反對「援」、「侔」、「譬」、「推」之學，說他靠不住。現在我們已由名家之「萬物一體」，講到名家之「白馬非馬論」。

譬如我要看陶淵明集，這是一本書。假如人說，你要看陶集，是要看一本書，拿一本史記給你，說史記亦是一本書，對不對呢？在此時，可以說：「史記非書也。」就是說：「史記不是我所要的書。」亦可說：「陶集非書也。」因我只要陶集，不是要任何一本書。同樣道理，現在我要騎黃馬，他給我一匹白馬，白馬不是我所要的馬，可以說：「白馬非馬。」這是名家的粗淺講法。這裏就要講到「外延」、「內包」的問題。以「外延」說，像孔子是人，人是動物，乃至延到一切物，延到宇宙。以「內包」說，物是空空洞洞的東西而已，東西中而有生物，生物而能行動的是動物。生物能行動而能站起來的是人。人之中最聰明的是孔子。如下圖甲乙所示：

甲圖

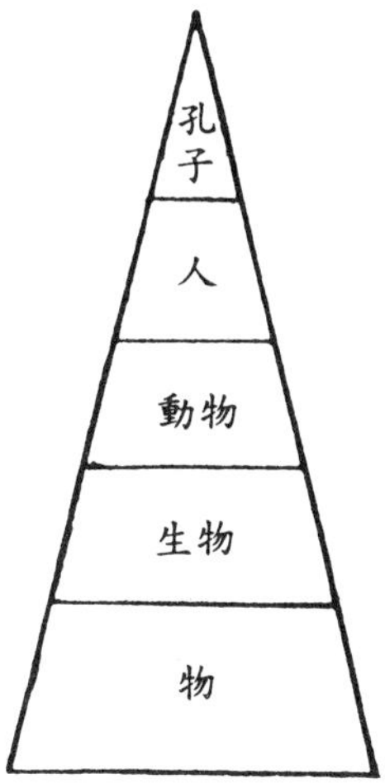

乙圖

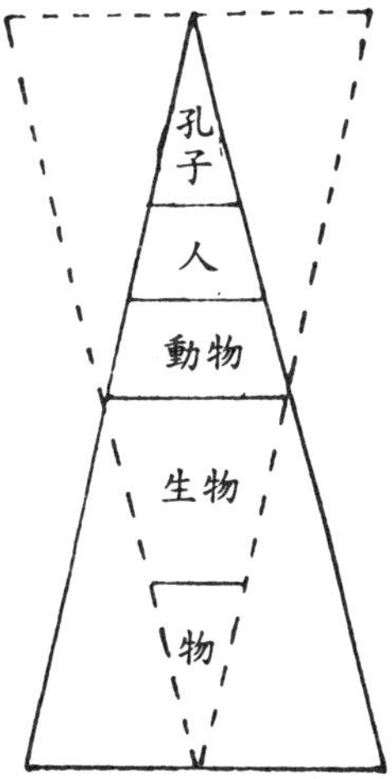

外國人注意從外面講，中國人注意從裏邊講。如在外面講，「白馬是馬」。從內邊講，「白馬不是馬」。本來凡是馬都可以騎。今天我要騎黃馬，所以「白馬非馬」了。公孫龍的白馬非馬說，即是爲討論「殺盜非殺人」一個問題而引起。公孫龍說：「彼彼止於彼，此此止於此。」就是說，不要彼此混在一塊，要在此停下來。

五

西方名學，喜歡推過去，這是「演繹法」。中國古代的名學，恰恰相反，他們不主推。他們說：「人皆要愛」，「强盜是人」，都對！卻不必相援。西方人把人當作物，把研究物的道理推究人的道理。西方是以自然科學來講人文科學。中國人講「立德、立功、立言」的理論，講人文科學不要推過去講。這句就是這句，不要推到那句。否則「此亦一是非，彼亦一是非」，糾纏不清。須知「凡人皆有死，蘇格拉底是人，所以蘇格拉底也有死」，此乃自然問題。自然問題，從外面講，故可推。「凡人皆須愛，强盜亦人，故强盜亦須愛」，此是人事問題。人事問題，從內面講，便有時不可推。自然界可推概演繹，人事界極難推概演繹。西方哲學家亞里士多德創「演繹法」，完成了形式邏輯。到培根才講「歸納法」。新的知識是要歸納的，人事知識更要歸納的。而在中國，因偏重人事，早主張邏輯不重演繹了。呂氏春秋講此很詳，如水是「淖」的，漆也是「淖」的，和起來卻成「塞」的。「淖」加「淖」成了「不淖」。銅是柔的，錫也是柔的；柔加柔成了硬。如此，則活的加活的卻等於死，是的加是的卻成了非。呂氏春秋就說明這道理不是推論可得，要憑實際的經驗。一種毒藥可以殺人，幾種毒藥合起來，反能活人了。一步一步的推理，靠得住嗎？老子教人要知止，「知止不殆」。總之，千萬不要由這句話推到那句。名家說名理是不能推的。

亞里士多德曾說：「不懂幾何的人，勿入我屋！」其實中國人就不懂幾何學。我在小時喜歡幾何學，也以爲推論的道理很簡單明瞭，懂得基本法則，推過去一切便講完了。後來才知道，幾何學没有一件真的事。點、線、面，都是假擬的、想像的，本來没有。莊子天下篇引名家說：「一尺之捶，日取其半，萬世不竭。」理論上的一半，永遠存在的。其實那裏有這回事？講話根本靠不住。又如德國人打仗，他們說打到只有一根槍、一個人，還不停歇。此亦是講話而已。中國人就聰明，不大相信這向遠處推的空話。西洋「唯物史觀」很微妙，如黑格爾「正、反、合」的道理，以爲是人類進步一定的公式。中國人說：「知之爲知之，不知爲不知，是知也。」西洋是在一個尖上造寶塔，「正」、「反」、「合」只在一處。中國人講融通，平鋪著許多道理，在此許多道理中，講他不衝突處。而不由一個道理向遠推，沒有長篇演繹的思想。西洋人愛連連牽從一個道理講下去。中國人講一句是一句的道理，講一段是一段的道理。但他中間也有相通的地方，所以中國思想史上，名學不發達，其故在此。

實在中國人此種意見，適合發展人文科學。即是列舉會通的科學，而非推概演繹的科學。外國人一直向前推，有時出了大毛病。物理可推，人事不可推。若人事推得遠了，如堆寶塔只在一個尖堆上，一倒下來便不得了。中國人講道理，是平擺著的。愛列舉，愛廣羅，愛平看，愛各止其所便，只有小毛病。或許堆得不很高，卻不至於倒。

記得胡適之先生的中國哲學史裏說：「墨家思想近於西方邏輯。」這話靠不住。墨家根本不要推，怎能與西方邏輯混爲一談呢？研究學問，不要人云亦云，最好看原書。在中國各學派中，無論名家與非名家，都不講「推」，這精神是一樣的。但既不主推，名字言說之功用便有限止，因此名家根本不能發展。道家說：「你們不要在名相上推來推去，要實際就物觀其會通。」中國人都看重道家，因此名家也便看低了。

香港大學校外課程部中國學術思想十八講

先秦學術思想

第一講

一

這次講演題目是「先秦文化」。「先秦」二字，依字義應是秦以前。但從前講歷史，必言上古唐、虞，以及夏、商、周三代，再分西周、東周，東周又分春秋、戰國。爲何近代人卻提出「先秦」二字？原來此二字通常用來講諸子。諸子起在戰國時期，最先則由春秋末期開始，即如儒家之必尊孔子便是。但前人則同尊老子、孔子，均以爲乃春秋時人，若講戰國諸子，則孔、老二人不在內。但不能不提此二人，乃統稱之曰：「先秦諸子」。依舊觀點，先秦諸子自老子始。依新觀點，諸子應肇始於儒家之孔子。但仍不說戰國諸子，而必稱先秦諸子。因此，講思想史或學術史，宜可把先秦劃作一時期。但若講文化史。則整個古代，不能劃分先秦一期爲代表。

我今且講先秦時代之學術思想。此亦文化史中一部份。而在中國古代文化史上，先秦諸子的學術思想，正是重要的一部份。但若講古代藝術，則應更往前講，先秦已屬不重要。若講古代文學，則應自詩經講起。詩經主要時代在西周，而下及春秋，不能稱之爲先秦。可知「先秦」二字不宜隨便使用，更不應以此二字來代替上古三代。講秦以前中國文化，至少尚可遠溯二千年之久，而且其重要性，則更超於秦後之二千年。

二

今且講「先秦諸子」之「子」字。古代封建時期，貴族爵位有公、侯、伯、子、男五等，列國諸侯或爲公，或爲子或男。至春秋後期，大夫亦稱「子」，此已是一種僭稱。孔子曾任魯司寇，地位高在一般大夫之上。大夫可分兩級：一爲「卿」，地位較高。一爲「大夫」，地位較低。但可同稱爲「大夫」，猶如公、侯、伯、子、男皆可同稱爲「諸侯」。孔子爲魯司寇，爲時雖甚短，但其弟子卻習稱孔子爲「子」。因當時大夫例得稱子之故。再後則學生稱其師皆爲子，如墨家稱其師爲「子墨子」。墨子二字，已隨孔子而成爲當時之通稱。上面再加一「子」字，乃是稱其師。此後遂簡稱孟子、莊子。故弟子尊師稱子，凡有三變。首如孔子，僅稱子。後如子墨子、子宋子。又後如孟子、莊子。若把老子放孔子之前，此項稱呼之演變，便說不明白。又後乃以「子」爲「男子」之通稱，其實以前甚不然。

三

再論百家之「家」字。漢書藝文志分儒、墨、道、法、名、陰陽、縱橫、農、雜、小說，稱「九流十家」。漢書藝文志乃根據西漢劉向、歆父子校禁中羣書，撰七略而作此分類。何謂「九流」?流，如一水之流。如今之稱「門類」。同在一水，即同成一流。同在一門，即同歸一類。故漢志每敍一家，必稱「某家者流」。「小說」家分流社會，可以不專門覓師，故與其他九流自成分別。此爲劉氏父子之分法。以前人並不如此分。如太史公父司馬談，將戰國學者分爲儒、墨、道、法、名、陰陽六家，撰有六家要旨。但在戰國先期，則僅分儒、墨兩家。韓非子顯學篇，即以儒、墨爲「顯學」。此等分法孰當、孰不當，此刻暫不論。今所欲討論者，乃此「家」字，如「一家之言」等，此「家」字在開始使用時，其涵義究如何?加以說明，實甚有關係。

劉向、歆父子將從古全部學術分爲七略。「略」即類義，七略即猶言學術之七大類或七分野。其第一類稱六藝略，第二類即爲諸子略。在諸子略中則又分九流十家。諸子略，漢志稱之爲「百家之言」；而六藝略，漢志則稱之爲「王官之學」。可見當時本以「百家」與「王官」爲學術之分野。「家」與「官」從字義均從「宀」，「宀」象居屋。若是一衙門，作爲政府辦公用者，即稱爲「官」。若供私人居住，則稱爲「家」。可知官有「公」義，家有「私」義。百官必統於一尊。官家辦公衙門之地位最高者爲「王」，王乃天下百家之唯一領導，一切官皆當隸屬於王，故稱「王官」。家則各自有主，社會私人各有自由，不相統率，故稱「百家」，亦稱私家。若「官」字與「家」字，得其正解，可知古代學術應有公的王官學與私的百家言。這一分別，卻極重要。

四

孔子本以詩、書、禮、樂設教，但此等本皆爲王官之學。如詩，本掌於王官。天子祭天祀祖時必加以頌，宴饗諸侯歌大雅，其他場合歌小雅、、歌國風。此即所謂禮、樂，創自周公，遞有因襲。在王朝與列國，各有官主之。可見樂之有詩，本屬政府主管，故爲王官學。書乃起於宗廟祝史記載政府之事，其文辭亦由政府掌管。春秋列國皆有史，亦即皆有書，墨子所謂「百國寶書」是也。故詩、書、禮、樂，皆爲「王官學」。以今語釋之，即是政府中學問。古代是貴族政府，故王官學換言之亦即是當時之「貴族學」。古代封建世襲，惟貴族得爲王官，亦惟貴族始掌握學術。社會平民初無學術可言。到後來，王官學逐漸流入平民社會，平民社會亦有學問，則爲「平民學」，此乃所謂「家人言」，即「百家言」。漢書藝文志中所謂王官之學流而爲百家，若以現代人觀念講述，即是當時之貴族學漸變而爲平民學。亦可謂當時之平民學，乃由貴族學轉變過來。此乃中國古代文化史上一極大進步。一切學問下流至民間，於是而有社會私家之學。此乃當時一驚天動地之大事。而此一大事，實自孔子一人開始。自有孔子，而中國始有私家講學。孔子在中國文化史上之偉大處，即此亦其一端。老子實不在孔子前，此事暫容後講。

五

先秦學者分九流十家，已如上述。但其中仍可再作一分別。如問各家學說內容如何？此中亦可有簡單一語道盡者，如道家所講爲「道」，法家所講爲「法」，名家所講爲「名」，陰陽家所講爲「陰陽」等。惟儒、墨兩家究講些什麼？則頗難從儒、墨兩字一望而知。今再問，何以墨家稱爲墨？此「墨」字究何義？若言墨家第一人爲墨子，墨子姓「墨」，故謂之「墨家」，此說實難信。儒家何不稱「孔家」？儒、墨兩家取義，顯當與道、法、名、陰陽諸家相似而有其不同。因此兩家較先起，故其取名若與此下諸家稍有不同。莊子齊物論、韓非顯學篇論當時學術均只分儒、墨，不及他家。可知其他各家應是後人所分，其學派名亦屬後起。而儒、墨兩字之涵義，則當稍加解釋。

「墨」字義近黑。在「五四運動」時稍後，乃有人言墨子爲印度人，此實妄說之至。在此時期，各種無根妄說競起，此亦僅其一例。今且先論「儒」字。說文：「儒，柔也。術士之稱。」

此七字應分兩句讀。「儒，柔也」一句。柔，乃儒之普通義。「術士之稱」另一句。術士則爲儒之特別義。後人不明此句法，把兩句拼作一句讀，乃謂孔子儒家所講主柔道。實則論語、孟子只主剛，不主柔。中庸言强；易義亦尚剛，乾卦象曰：「天行健，君子以自强不息。」莊、老道家始言柔。王弼注易，尚知此義。

何謂「術士」？從來亦不得其解。民初夏曾佑在北大教歷史，撰寫一部中國歷史教科書。書中講儒即「方士」，亦云「術士」，合稱「方術之士」。當時羣相稱述，以爲是一種創說。其實創而不確，亦不是真創。許氏說文所謂「術士之稱」之「術」字，究應如何講？仍該研釋。實則「藝」、「術」二字，古本同義。「術士」亦即「藝士」。古代稱禮、樂、射、御、書、數爲「六藝」。孔子以六藝教人。六藝亦即可稱爲「六術」。學六藝之人可稱爲藝士，亦即可稱爲術士。儒稱術士，正因其學習六藝。當時學數，可爲貴族家庭助收田租。學書可爲貴族司記錄。學御，可爲貴族駕車。射乃武事。習射、御，可於貴族階層中獲得較高職事。至於通禮、樂，則更高貴。在內可侍事於宗廟社稷，出使可與各國君、大夫折衝樽俎之間。當時由平民社會進入貴族階層，則端賴通習此六藝。當時貴族亦常隨時物色搜羅此批通習六藝之士以爲用。而士之所以習六藝，本亦在求進身於貴族階層爲主。孔子亦即本此而進入貴族階層者，其弟子亦皆習六藝而獲進入貴族階層。

儒即是當時社會一行業，或稱儒，或稱術士，亦可謂是當時社會一流品。六藝本是王官之學，由此轉入於平民與私家。但儒家創始之更要處，不在於學其「藝」，而更要在於明其「道」。詩、書、禮、樂，大本大原皆由周公創始。孔子學周公，重要在能明得詩、書、禮、樂之如何使用，並進而明得詩、書、禮、樂之緣起，再更明得詩、書、禮、樂之變通。於此遂產出一套甚深、甚大之思想理論，而在後代中國學術思想史上，不斷發生了極大影響。但論「儒」字初義，則只是一種行業。

「儒」字如此，「墨」字亦然。墨之在當時，亦是一行業。我們若明得此意，可知一切學術文化並非憑空生出，亦非由天而降。乃在社會人羣實際生活中生長茁壯而來。而要講中國學術真精神，則更貴明得此意。

第二講

一

今接上講。「儒」爲術士，乃通習六藝之士。於通習六藝後，可以進身貴族階層，謀一職事。此實當時社會上一種行業。故論語云：「汝爲君子儒，毋爲小人儒。」可見「儒」只是一生活名色。在儒業中，有理想、有志氣者爲「君子儒」，僅圖私人衣食溫飽者爲「小人儒」。孔子本人亦一儒，但他於通習六藝之上，更能於六藝之發源處、會通處，闡發出一番思想理論。而把此一番思想理論，來反對當時之貴族生活。

當時的貴族生活，本即是所謂禮樂生活。宗廟社稷、朝聘宴享、冠婚喪祭，處處必依循於當時傳統的禮樂。而一般貴族們，實已不懂得禮樂。孔子不僅熟知禮樂，並熟知其來源與變化，熟知其作用與意義。孔子當時本即以此立場來反對當時之貴族。而當時之貴族們，終亦不得不有求於孔子。故孔子在當時有其業，同時有其道。此一「術」字，則「業」、「道」二者兼包。業僅爲私人之謀生，道則對此社會人羣、歷史、文化負責任。孔子私門講學，不僅授其弟子以藝、以術，爲私人謀生之用。並在此藝與術中發明其道，可以爲社會人羣大衆歷久之用。故後世言「儒業」，亦言「儒道」。孔子儒家大概情形是如此。

二

現在講到墨家。「墨」字究應如何講？說法亦頗紛紜，但皆不可信。決不因墨子面黑而成一學派之名。亦非因墨子姓墨而作爲學派名。在古代「墨」乃一種刑名，墨、劓、腓、宮、大辟爲五刑。大辟爲斬首，餘均肉刑。墨乃刺花於面，下至宋代，仍有沿存，如水滸傳宋江之刺配江州即是。何以言墨家「墨」字爲刑名？蓋古代受刑者必遣派服工役，而古代工人亦大概爲刑徒。工人均屬世襲，商、農亦然。父爲農，子繼之。由貴族授田，耕者無土地私權。工商業亦皆隸於貴族家庭，如車氏、鮑氏等，全是一種職業，世襲相傳，專供貴族與政府之用，殊無自由經營與私人資產，此乃封建社會之特徵。今天的共產主義高呼打倒封建社會，其實彼輩所倡導推行者，不許有私家自由，故正是恢復了古代之封建型態。若論真實打倒封建社會，在西方應是其經濟之自由制度。中國古代封建社會之情形，可於左傳記載中窺其梗概。中國封建社會之破壞，主要則由於私家講學。

墨子本人未必受過刑罰，但彼可能是一工人。至少他擅於工藝製造，而又是主張過一種工人生活的。傳說魯國巧匠公輸般，造爲攻城用之雲梯，而墨子能特製機械破此雲梯。墨子又曾造過木鳶，能遠飛不下。由此顯見墨子與孔子不同。孔子幼時喜俎豆禮器，青年即以知禮稱，所學都屬當時貴族生活那一套。而墨子所學，卻爲工匠技能。墨子或是一工人出身，或非工人出身，今不可定。然至少彼之衣食生活，頗像一工人。他極不喜當時所謂禮樂生活，彼所提倡者，乃是一種近乎工匠之艱苦生活。故說其學「以自苦爲極」。孔子教人學堯、舜、周公，而墨子則教人學夏禹。禹治水在外八年，腓無胈，脛無毛，三過家門而不入。此乃中國古人度其艱苦勞工生活之最高榜樣。墨子非禮、非樂，認爲禮、樂生活皆是奢侈，非人生正道。墨子所講之道爲「墨道」，主張勞苦工作，主張過一種艱難、低標準生活，此即近似一刑徒勞工。故當時稱此派學者爲「墨家」。墨子並不反對此稱呼，只云：「非大禹之道，不足以爲墨。」他說墨道即是大禹之道。即此可明「墨」字非指墨家中個別某一人，乃指一學派而言。

三

墨子又主「兼愛」，凡人當一律平等。故云：「視人之父如其父。」然此非在法律上言。今日民主社會所主張之平等，乃屬法律上之平等。共產主義者所講之平等，則重在經濟生活上平等，故必主張無產階級專政。其實無產階級專政後，生活亦非平等。此正猶如中國古代之封建社會，工、農、商三階層，在其各自階層中，則若生活平等，但較上層貴族階級，則甚不平等。墨子所主張之平等，乃指實際生活上之真平等。欲要求實際生活上之真平等，其唯一辦法，必須減低大家的生活水準。墨子即基於此一理論而反對貴族生活。墨子反對貴族厚葬，主張桐棺三寸，以此爲標準。孔子講仁道，本意在愛人。墨子講兼愛，乃必要平等的愛。而一開始即主張普遍降低生活條件，這卻迹近不愛人。尤其是高水準之生活，皆在其反對之列，這像是刻薄。但儒、墨兩家，就其反對貴族階級言，則是相同的。

墨家主張兼愛，因此在國際間反對戰爭。戰爭亦有兩種不同。一是由侵略引起戰爭，一是由自衛保守而不得不戰。墨家只反對前者。故「非攻」。而不反對後者，故主張助人守禦。時魯國巧匠公輸般爲楚造雲梯，楚欲試以攻宋。墨子在魯聞之，徒步往楚，歷十日十夜。履破，裂裳裹足。至楚，與公輸般於楚王前試演攻守。九攻九守，公輸般不能勝，墨子守禦有餘。公輸般乃云：「尚有一策可破宋。」墨子知其欲殺己，乃語楚王曰：「我弟子禽滑釐等三百人，已盡習我技，持守禦之工具，先往宋助守矣。雖殺我亦無法取宋。」楚王乃止攻宋。當時墨家，似先以勞工爲生業，繼後乃進而助各國君貴族大夫守禦。一時各國君大夫爭相羅致。墨家理論雖反對當時之貴族，而當時貴族卻極力延致墨家，競致尊禮。此一層也如儒家般。兩學派之處境，頗有其相似處。

上面說儒爲藝士，墨爲工人，皆爲一種生業或流品之名，而即以名其學派。由於有此兩學派，而後古代王官之學始下流民間。孔、墨兩人，則爲此兩學派之開創大師。他們教其弟子，不僅教以一套生活本領，又教以一套與此生活本領相配合的理想，即「道義」。此兩套生活理想，若用近代觀念言之，則孔子比較是一右派，因其和平而保守。墨子比較似一左派，因其偏激而極端。但此兩派，同樣反對貴族，而又同爲貴族所爭用。於是在當時封建社會中，貴族、平民間遂漸漸形成一中間階層，此即當時所謂之「士」。此後中國社會，應可稱爲一「士中心」的社會。

四

論語中孔子常教人如何做一「士」。一個理想的士，應具何條件？孔門視士極高，墨家亦然。墨子教人要做一「兼士」，不要做一「別士」。至戰國時，士逐漸得勢，各國諸侯、卿大夫皆爭養士。當時如四公子，齊孟嘗君、魏信陵君、趙平原君、楚春申君，各稱養三千人。其時之士，又都成爲「游士」。此處不合，輒往他家，所謂「朝秦暮楚」。甚至有立談之頃，而致相位者。傳說蘇秦即以一游士而身佩六國相印。此等故事，未必全真實。但戰國時期，實可稱爲士中心之天下，爲此下中國「四民社會」之開始。其時社會乃開始有士、農、工、商四級之分（語見管子），而貴族不預焉。自秦以後，中國社會遂永有此四民。其最先基礎，即奠定於戰國。

就西方歷史言，他們貴族階級之所以沒落，乃由城市中自由工商業，所謂中產階級之興起，封建社會即因此而破壞。中國春秋、戰國時代之士，亦興起於城市中，其先與工、商人均依存於貴族階層，而逐漸獲得其自由。但中國之士，並未演變成爲資產階級，而永遠保守其爲一知識份子。中國自先秦直至今日，亦永遠是一個士、農、工、商的四民社會。由此我們可以說，中國文化、中國社會之與西方不同者，主要即是出了孔子與士。

若把孔子與士來與西方教會相比，則又不同。西方教會應望全民皆信教，皆爲一教徒。中國之士則僅爲四民中一流品。故西方宗教不論在任何社會，如封建社會、資本主義社會，乃至共產社會中，他們依然傳教，而且同樣傳教，真像中國儒家所謂「君子無入而不自得」。這因西方耶教教義，凱撒事由凱撒管，教徒不過問。他們只指導人死後靈魂升天堂。因此西方宗教根本也無法推翻中古時期之封建社會。推翻當時封建社會者，乃是城市中興起的自由工商業。後來所謂民主政治，亦起源在他們中產階級納稅人之出頭抗爭，仍與教會無關。中國遠在先秦時代，毋須流血革命，而將古代封建社會貴族階層解體。從此形成「四民社會」，以「士」爲領導中心。此種社會，既非封建主義的，亦非資本主義的，更非共產主義的。其領導權則操在自由知識份子手裏。自由知識份子何以得掌握此大權?則因他們重「道」不重「業」，重「公」不重「私」。已由儒、墨兩家導出先路，而成爲中國文化、中國社會一特殊性。

在西方社會，資本主義發達以後，上層政治亦受資本家控制。西方的立國，也可說即建立在通商貿易的基礎上。於是自由貿易成為天經地義，即政府亦不得加以干涉或禁止。國際間種種大戰爭，亦多由貿易競爭而起。中國社會一向說尊師重道。西方則是資產第一，商人第一。在此風氣積累之下，始有馬克思出來，主張結合勞工來對付資本家。可見西方社會上之資產階級，在其歷史進程中，並非無弊害可加指摘。中國社會之士，在中國歷史進程中，有時自亦不免有毛病、有缺點。但不能因此完全抹撥其長處與優點。中國的士多數從政，但並非一意想做官、通體想做官。究竟他們尚有孔、墨大道可講。西方的讀書人，一心只想做專家、學者，在大學校當一教授，政治活動非彼輩事。在政黨競選之背後，多由大資本家支持。故西方政治乃與工商資本最接近，而與學術集團、宗教集團之關係較疏遠。可見近代西方民主政治，與資本社會有其內在之深切關聯。若資本主義不存在，可能其現行的民主政治亦會隨而變質，決不能仍如今天的模樣。我們研究任何一社會，應該注意在其社會背後那一種發動與支撐的力量。

若論中國文化與中國社會，則士、農、工、商四民中之「士」，此一流品，實為中國所特有。因此既非封建社會的，亦非資本主義社會的，自然更非共產社會的。自古迄今，在中國政治上、社會上、教育上，有領導地位為中心主持者，都是此一批士。而孔子、墨子在兩千年前，已為中國社會導向此一路途，造成此一規範。即我們今天所謂士、農、工、商之四民社會，實由孔子、墨子當時聚徒講學所引起、所造成。若說中國社會此下不進步，則是以後事。卻不能把責任全推到孔子、墨子身上。今欲瞭解中國文化特性、社會特性、歷史演變之何以異於西方，則先秦儒、墨興起，這一大事因緣，實不可不注意、不瞭解。

第三講

一

上兩次講「儒」、「墨」二字，即中國人所謂之「流品」。流品即是類別，或因職業不同，或因操行有異而加以分別，並寓高下之分，此爲流品。在中國歷史上，社會無階級，僅古代封建社會有貴族、平民之分，此下即不復有。西方社會自貴族、平民階級轉變爲資本家與勞工階級。然在此階級對立之間，亦尚有既非資本家，又非勞工的絕大多數，並亦是最重要者。因此馬克思的階級理論，對社會現實並不符合。近代西方社會，亦不可謂其有固定之階級存在。中國則封建社會早在先秦時代解體，此下更無階級。中國封建社會之解體，端因在貴族平民間產生了「士」。在當時是一中層，居於貴族平民間。此乃當時一新流品，爲過去社會所無。

「士者，仕也，事也。」在其始，乃因服務於貴族而稱仕。但至孔子時，卻在事之上面提出一「道」的觀念來。孔子之所謂道，亦即墨子之所謂「義」。道義之所重，在事該如何做。在做事中必應有一道，可爲準繩而資遵循。孔子提出一大原則爲「仁」，墨子則講「義」、講「兼愛」。在此項大原則之下，一切事便各有其道與義，不仁不愛即是無道不義。從事於此項道義，始爲真士。從此爲士，不在其有事，而在其有道。士之地位遂日高。無論做何事，皆須有一「道」，此道在人與人之間，則是平等的。封建社會重地位，地位不平等。資本主義社會重資產，資產仍是不平等。共產社會主張無產階級專政，在資產上求平等，在政治地位上又是不平等。中國社會理想重道，道始是真平等。無論何方均須遵循此道。有了此道的新觀念，乃能提高每一人之人格。人各有事，事各有道。各自對社會負有一職任，而在人格尊嚴上，便各自平等了。但雖說人格平等，而事有大小，道有大小，職任有大小。要任大事，行大道，爲大人，則非有與此相當之大才大能、大知大識不可，因此乃有所謂「教育」。

二

孔、墨之教，乃及孔、墨弟子之學，皆求獲有一番真本領，在社會做大事、盡大任。但事大任大，則困難亦大。困難時，事仍當敗，而道義不可失。於是儒家乃提出「殺身成仁」、「捨生取義」的一番教訓。此下在中國歷史上，具體例證極多。所謂「成仁取義」成爲一項人生實踐，甚至有人譬之爲家常便飯。亦並不是定要捨生，定要殺身。子曰：「士志於道，而恥惡衣惡食者，未足與議也。」又說：「君子謀道不謀食。」此種精神，有志爲士者，在其心理上成爲一種起碼條件，必然當具備。孔、墨當時所提倡，在其社會上正因有具體的表現，而發生了大作用大影響。若以較之西方哲學，似乎西方哲學所標理論雖儘高，但並不注意人生實踐。因此西方哲學只重思想理論，卻不發生社會實際影響，難與孔、墨之道相比。

墨子主刻苦，主犧牲，他對士的理想生活條件要求太苛了，使人難行。孔子則認為一大人物對社會責任雖重，卻並不要在生活上必然有犧牲，或是犧牲太過。而且孔子一面注重人生責任，另一面亦注重人生情調。因此孔子所講之道，實較墨子為圓通，為平易近人。墨子學派所以不能久遠流傳，不能如孔子之偉大，亦正在此。但當孔、墨初起，士的處境究竟還是需要極大的奮鬥，而後始能到達他們的理想。因此在他們當時，究還是有許多不惜犧牲來殉道的。也正因如此，所以下至戰國時，中國社會已轉成為士中心的社會。到此時卻有人出來講另外一套道理，如揚朱、莊周等。墨子主兼愛，摩頂放踵，利天下為之。揚朱則謂「拔一毛而利天下不為。」他主張各人自顧其私，不必彼此相助互為。惜乎揚朱著書已不傳，或並無著作。若將莊子書比孔、墨兩家，則顯見有一極大不同處，即在莊子書中不言士。似乎他心中並看不起當時之所謂士。莊子只講人，講如何做一理想人，卻並不教人去做士。此即莊子思想與孔、墨極端不同處，尤值我們注意。

諸位如讀論語，應能把自己心情前移至孔子時代，應設想如在孔子當時來讀此書。當知

「士」字在當時乃是一新名詞，士乃是一新角色、新流品。而孔子教人如何作一士，則是一新理想。此一新流品、新理想，後來最成重要，乃爲中國文化、中國社會中主要角色。至於此項演進是好是壞，現且勿論。總之，這是中國社會一特點。西方社會迄今無此士的一流品，我們要批評中國文化長短，亦該從其特別處來作批評。若任意援據西方某一情態來批評中國，如云中國無基督教，又如說中國資本主義不發達等，凡此批評，卻是不中肯、要不得。

三

我們講中國思想史，也應注意其特有線索來闡述。如孔子、墨子，特別提出士的新流品、新理想來。莊子則避不論士，只論人。他人分別爲「天人」、「至人」、「眞人」等。儒、墨所講之「士」，每每主張犧牲自我來求對全社會、全人羣有貢獻。莊子則反對此種意見，不主張人對社會有如儒、墨之爲用。他爲宋之漆園吏，猶如孔子之爲委吏、乘田，此當爲孔子「三十而立」以前尚未成爲士之一階層之地位。據莊子意，人爲社會所用，即屬此人之犧牲。故就各個人言，「無用之用」才是此人最大之用。換言之，對人無用，即是對己有用。因此，一個人何必對社會求有用，社會用不到他，他自己才可有安頓、有地位。莊子內篇如人間世極言此意說：

有樹焉，大可蔽牛，粗約百圍，其高，臨山十仞而後有枝，其可以爲舟者且十數。觀者如市，然匠人不顧，竟行不輟。其弟子怪而問之，匠人曰：「此散木也，以爲舟則沉，以爲棺槨則速腐，以爲器則速毀，以爲門戶則液樠，以爲柱則蠹。不材之木，無所可用，故能若是之壽。」匠人歸，夢大樹與之語曰：「文木實熟，則剝、則辱，大枝折，小枝泄，此以其能苦其生者也。故不終其天年，而中道夭，自掊擊於世俗者也。物莫不若是。予求無所可用久矣，幾死，乃今得之，爲予大用。使予也而有用，且得有此大也邪！」

莊子所言自亦有理，但他不知儒、墨兩家之爲士，遠在他前，爲他爭取乃得了社會地位。他乃憑此地位來創此理論，卻反看不起從前那一輩士。若在儒、墨未起，封建社會中，試問那會有像莊周般的人出現？又莊子秋水篇中說：

莊子釣於濮水，楚王使大夫二人往請。莊子持竿不顧，曰：「吾聞楚有神龜，死已三千歲，王巾笥而藏之廟堂之上。此龜者，寧其死爲留骨而貴乎？寧其生而曳尾於塗中乎？」二大夫曰：「寧生而曳尾塗中。」莊子曰：「往矣！吾將曳尾於塗中。」

莊子所講代表了此下所謂的道家思想。然當知此時中國社會，已有了極大變化，士在社會中已佔了極高地位。道家則仍是士中一分支。莊子任漆園吏，仍需服役於貴族。莊子雖不想爭取高官厚祿，即此已可生活。但可說雖不派作大用，卻仍派了小用。下到後世，有一輩隱士，乃可以摒絕任何事而不爲。如宋初林和靖卜居西湖，終生不娶，植梅畜鶴爲伴。人謂之「梅妻鶴子」，流爲後世佳話，常受人稱羨推重。但我們究不知他是如何爲生的。在莊子意想中，人最好能吸風飲露，如是便可無賴於社會，實則此是空想不可能。但在中國社會，因看重此輩高人雅士，縱使他們不事生產，自有達官貴人們，乃至平民農夫們，願供奉衣食，獻與勞力，使此一輩高人雅士得以舒適度日。此亦中國社會一特點。在西方，自中古以來，除卻貴族、農民外，中間階層有醫生、有律師、有傳教士、有武士，他們皆需憑業爲生，卻少像中國社會有一種隱士，可以無業爲生。西方是一個個人主義的社會，誰也得自食其力。失業在近代西方，是一大問題。中國被稱爲「落後社會」，不知有多少失業人，反若不成問題。至於如道家所提倡的那種高尚無業的文化人，即所謂隱士之流，則似乎更不易在西方社會立足。

四

老子書中亦不言士，僅有「古之善爲士者」之句。但即此語，亦可見老子之爲晚出書。古代無士，若老子在孔子前，尚何有「古之爲士」之語！而且他形容說：「古之士微妙玄通，深不可識。」然貴族用人，首先當問其何所可用？若其人深不可識，即無進身被用之機會。故知老子書必尚晚出於莊子後。當孔子時，其弟子皆欲爲一士，即墨子弟子亦然。其後士日益衆，又日益得勢，周行各國爲「游士」。同時遂有顯貴養士之風。戰國策有先生顏斶，往見齊宣王，齊宣王乃當時之大王。宣王曰：「蠋前！」蠋不悅，曰：「王前！」宣王亦怫然。或問王貴抑士貴，顏蠋曰：「士貴王不貴。」孟子本欲見齊宣王，適遇宣王使人來請見，孟子不悅，乃以疾辭。使者去，孟子又即故意出門，卻使宣王知其無疾，即是告誡其不宜輕士隨便召見之意。他如平原君好士，嘗因二美人在樓上笑一跛者，乃殺以謝之。孟嘗君好士，有馮煖彈鋏索魚、車之故事。可見士在當時社會中之地位。

然孟嘗君門下士中，多鷄鳴狗盜之徒。游士至此已濫，致爲人所輕鄙。莊子、老子出而反士，老子書中更透露出一種極深看不起士的氣味來，因此他主張絕學歸耕。此下韓非甚至目士爲「五蠹」之一。其實此輩反士，其自身仍是一士。此下秦始皇之「坑儒」，實則所坑並非儒，實即反士之莊、老之徒，後世稱之爲道家，亦或稱之爲「道士」，終不能自處於「士」之外。但無論如何，古代封建社會之貴族階級在事實上是取消了，而士、農、工、商四民社會隨之代興，則成爲中國歷史上不可違抗一大潮流。

五

現在再會合儒、墨、道三家，講他們的共同點。他們主要都在講如何做人之道，與其他各家不同。如法家、名家、縱橫家等，他們都不注重講做人。西方哲學家似乎亦都不在此方面注意。

哲學尋求真理；宗教講如何死後靈魂升天堂，學校中只教人如何做一公民、謀一職業、做一專門學者等。在西方，殊不講一個共通的做人道理。中國人則最注重講這一層。爲夫、爲妻、爲父、爲子、爲君、爲臣、爲主、爲僕，乃至爲中國人、非中國人，爲現代人、或古人、後人，皆應有一番做人之道。而此一番做人之道，則實是相通一致的。故中國人講「人」，列出許多區別來，如君子、小人，善、惡、賢、不肖等，而最高則爲聖人。

固然後來中國人所講做人之道，多遵守儒家言，但道家在此方面後來影響亦大。墨家所講，亦重在做人，此亦無可否認。故中國思想，主要在講做人。所謂「道」，主要即是做人之道。所謂「理」，亦即是做人之理。人人能做人，始是「大道之行」，而其極則爲「天下平」。至於家與國，僅是個人與天下間一過渡。天下乃由個人組成，不論其種族、國別、宗教信仰、貧富差等、地位高低，講做人，則其道總歸於一。智、愚屬於天賦，有不可强，但亦無妨於同一做人之道。愚孝、愚忠，人雖愚，也算盡了他的忠孝，即做人之道。縱説是不可法，也算自盡了他忠孝之心。所以講做人道理，實爲中國文化之精髓。中國人所謂不忠、不孝、不道、不義，乃指在其做人道理上有缺憾，有逆犯。事不關利害問題，亦非法律問題，仍非智愚問題。此一番道理，實爲西方所無。若言此爲人生哲學，亦與西方人所講的人生哲學不同。西方人乃在理論上講，如尼采講强者哲學，叔本華講悲觀哲學，各有一番道理。但那能人人做强者，人人抱悲觀。他們只重理論，不重實踐。中國人生哲學，則在切實教人如何去做人，由人人可行的一條道路，來達到人人可有的一番道理。孔子之「學而時習」，到莊子之「逍遙遊」，均乃教人做人。做一「士」，只是做人中之更理想者，或說是做人道理進行中之先鋒隊。

六

我在第一講時，講中國社會、中國文化有與西方不同處。中國早在先秦時，封建社會已解體，轉成爲士、農、工、商之四民社會，以迄於今日。

在第二講時，述說中國社會也有大變動，但並不須革命流血，急劇地變。如儒、墨士的興起而貴族階級崩潰，其間並不要流血與鬥爭。

本講所說，先秦時期儒、道、墨各家之「道」，皆主張講做人，由此推及家、國，以至於天下。秦始皇也並不是用他的武力能來統一中國的，在先秦時，各家思想都抱的是天下觀。「士」的活動，並不限於一家、一國，那時的天下早趨向於「大一統」的方向。如是方有秦之順利統一。故中國文化至少有兩大要點，可以貢獻於世界人類之將來：

一是平實深厚的「做人道理」。

一是把做人道理推擴盡致的「天下觀」。

第四講

一

上幾堂講的是先秦諸子。特別自民國以來，講此問題者已多。我個人對此問題，嘗於下列諸書中有闡發：

一、國學概論。發表最早，書中第二章講先秦諸子。

二、先秦諸子繫年。亦是舊著，現經香港大學重印，較舊版無改訂、有增添。此書最要者，厥為根據晉人地下發掘所得之汲冢書，來改正太史公之六國年表。此書耗我七、八年精力。出版後十多年來，續有參考材料增入，但仍保留舊有之主要發現。

三、中國思想史。此書乃我來港後所寫，比較簡單。

四、四書釋義。亦系舊稿改印。

五、莊老通辨。亦來港所印。書中多為舊文，亦有到港後新作。主要在講莊子在老子之前之許多論證，因此亦牽及到先秦諸子之各方面。

六、墨子。

七、惠施公孫龍。此二書皆在抗日戰前由商務出版，今坊間已難覓得。

八、莊子纂箋。亦是在港所印。

我上幾次所講可說全是老話，無甚新意。若諸位有意深究，上述各書，可供參考。

二

最近我們學術界似犯一毛病，即喜用「先秦」二字。不知此「先秦」二字之最先使用，因於講諸子學。移用到他方面，便易出毛病。如講「先秦學術思想」，實不如說「古代學術思想」爲妥當。當胡適之寫中國哲學史上卷，一開始即講老子，似乎老子以前便無思想哲學般。又如梁任公著先秦政治思想史，實應稱作「春秋戰國政治思想史」始是。蓋此「先秦」二字，已經用之太濫。總之先秦不能概括中國之古代。如講先秦諸子自可由孔子講起，但孔子之學何所來？孔子思想之承襲演變如何？孔子以前總不該不提。又如講孔子，孔子是春秋時代人，爲何不講孔子之時代背景？若我們要講春秋時代二百四十年，卻有一部最好的記載，即是左傳。此乃中國二千幾百年前一部最佳之歷史書，而我們偏棄不用。在前清時，左傳乃是一部人人必讀書，而今已很少人在此書上用功。但欲講中國古代史，至少應首通左傳，然後再可向上推。

曾記有一次，我嘗與胡適之先生談起他寫的中國哲學史，他主張每一家都應講出其時代背景。其實胡先生此書並未做到這一層，只在最先開始講老子時，講些時代背景的話。但老子若是春秋時代的人，爲何不講春秋之時代背景？乃自詩經中引許多詩，來講當時人曾發生了許多不同的人生觀。我說詩經遠起西周，與老子時代相隔尚遠。左傳才是當時的書。而且左傳是史，不比詩經中多文學作品。把文學來講史，已是間接了。而且所謂「悲觀」、「厭世」、「樂天」等人生觀，可以時時有之，並不能把此來作特別的時代背景看。胡先生說：「當時先生的劉向歆父子年譜尚未出，我尚認爲左傳是僞書，因而對此書材料不敢隨便用。」所謂左傳是僞書，主要是爲康有爲新學僞經考所惑。左傳中固有些不可盡信的材料，如左傳書中喜歡記載當時人之長篇大論，多半由後人粉飾，不盡可靠。比如史記述鴻門宴樊噲責項羽一番話，自然當時有此一番話，乃無可疑者。然史記所載，則爲太史公想當然耳之辭。又如三國志載諸葛亮與劉先主隆中之對，當時自必有一番話。然陳壽所載，則又是想當然。左傳中許多言語，有可信，有不可信。可信由傳述來，不可信由經後人潤飾增添來。在此等處要逐一仔細分別，自然並不易。但春秋時代二百四十年之行事，則必不可假，此乃中國古代之真歷史。我們要講中國古代文化，左傳一書萬不可忽。其實胡先生當時一番話，也只是他一時之遁辭。後來梁任公先生寫先秦政治思想史，他書中便引了許多左傳。梁先生書雖欠深入，但至少沒有許多大毛病。胡先生沒有細讀左傳，便來寫他的中國哲學史，總是一件值得遺憾的事。

近代人好將孔子與希臘哲學家蘇格拉底、柏拉圖、亞里斯多德諸人相比，又好把先秦時代與希臘相比。但希臘局促在小小一半島上，幅員不廣，雅典僅是一小城。戰國時之七國，論其總面積，則已與今日中國相去不太遠。僅一齊國，便有七十二城，實與希臘當時局面不同。孔子及以下墨子、孟子等，皆曾周遊列國，上說下教，對當時政治、軍事、經濟、教育諸問題，思慮討論，皆極實際、極具體、而又極複雜、極變化。與希臘哲學相比，他們是冥想空論多過了實事求是。而且在孔子當時，詩、書、禮、樂傳統知識積累極富，要待孔子一一尋求。所謂「博學」，所謂「一貫」，所謂「好古敏求」，我們當從此等處著眼。又如墨子，亦讀過「百國寶書」，他的書，一樣滿口「詩云」、「書曰」，歷史傳統積累胸中，與孔子一色無異。若我們讀蘇格拉底、柏拉圖書，可知不如此。歷史傳統不同，社會背景不同，雖說同是聖哲，而各自思想亦不同。春秋二百四十年文化積累已深，孔子、墨子即從這些積累中透出。若我們不瞭解春秋時代，亦自不瞭解孔、墨學術思想來源。

三

近代學者好推尊戰國。但中國傳統觀念，尤推尊春秋，認爲戰國已墮落，遠不如春秋像樣。

這也並非沒理由。遠在三十年前，我在北平看到春秋時代之國際公法一書，此書作者已忘其名，但此書則常在記憶中。我認爲如此講法，並不即是牽强附會。在春秋列國間，確有許多彼此共同承認遵守的禮義，我們不妨稱之爲當時的「國際公法」。前兩年我在美國，舊金山有一位華僑某君，也正在寫一本「春秋時代之國際公法」，他要我作序，但彼書尚未完成。後在巴黎，又見有一位中國留學生的畢業論文，已印刷成書的，亦是此題。此論文之年代，或與我在北平所見那一書時代約略相同。總之，春秋時代已有國際，而其時國際間也確有一套「公法」。即如宋向戌弭兵大會，亦承沿當時公法推演而來。只要我們能細讀左傳，便知那時國與國間相互交往，實已相當高明。至少那時有十二大國，彼此相處二百四十年之間，發生了甚多盟會。在他們之盟會中，我們可以看出有許多規矩與例行之不成文法。其間並有許多較之今日聯合國組織與理想更高明的。「五四運動」以後的學者們，大家認爲中國文化一向落後，遠不能與西方相比。因此此等著作，遂不爲人注意，而也因此不見流傳了。

四

其次講到當時的外交。從前人總喜歡稱道左傳中的「辭令」，正因當時兩國外交使臣相見，折衝樽俎，總有一番談吐，或是賦詩見意，而把當時國與國的利害衝突困難問題，即此解決了。

這些事，在西洋史上，當知甚難遇到。不論在西方，即在中國戰國時，一輩策士縱横捭闔之談，較之左傳所載當時外交辭令，實已相距甚遠。在春秋時，弱國遇强國，往往憑藉一番辭令，不從利害方面講，只從道義方面講，而把强敵說服了。我在幼年時，尚聽人說，國與國間，只有强權，更無公理。那時已是西方思想廣泛流行，因此一輩人讀戰國策尚覺近情，讀左傳便覺無此情理。所謂聖經賢傳，在我幼年時一般社會風氣，都已看不起，至少認爲無此情理。所以康有爲新學僞經考，認爲那些書都是孔子「託古改制」，又經劉歆僞造僞羼，全非古代情實。此等意見，正與當時時代意見相符。所以能不脛而走，得人信從。但我們此刻再從歷史考古眼光來重新探討，卻不能不說左傳是一部信史，決非由後人僞造。

若我們肯定了左傳是一部信史，左傳中所載確有此事實，則不能不認春秋時代二百四十年間，中國文化已有甚深之演進，而且已達到了一個甚高之標準。其間尤有值得引起我們興趣者，乃是當時國際間遇大事，一輩外交慣例，往往賦詩見意，而往往能達到理想的好結果，即如鄭子產，是孔子所佩服的一個人。他相鄭、居晉、楚兩大之間，崎嶇謀存。子產所憑恃者，即是他的外交辭令。辭令可以保存一個國家，而此等辭令中，皆有極高之道德標準與極深之文化傳統。我常想若使今天的美、蘇也還能近乎當時之晉、楚般，而今天的小國間，也能多出幾個像子產、叔向一類的人物，或許當前的世界也可改觀。總之，我們細讀左傳，即就其中關於外交事件及其辭令方面來研究，我們不能不認爲，中國文化在那時，已有一番卓越成就。

五

再論到左傳中所載當時幾番大戰役，如「城濮之戰」、「鄢陵之戰」、「邲之戰」等。每一戰役如何引起？戰前雙方如何估料敵情？戰爭實際經過又如何？此等都可以引起我們對當時歷史許多興趣來。尤其是遇到大戰役，而雙方當事人還多講「禮」守「義」，好像十分迂闊，太不近人情了。即如宋襄公與楚戰於泓，楚兵半渡，或人勸他進擊，他拒絕了。晉文公在城濮戰時，爲要實踐他以前流亡在楚時一番諾言，三度退兵，把自己立場先站穩在像是無可非難的地位，然後才和楚決戰。其實當時晉文公心下，是急求與楚一戰的。若非出於一戰，終難抑遏楚氛，而保中原諸夏之安全。但晉文公卻曲曲折折演出了這一套花樣來。後來孔子批評說：「晉文公譎而不正，齊桓公正而不譎。」若我們不把左傳細讀，孔子此一番比較批評，自難了解。若我們細讀左傳，自可明白得孔子此一番批評之真實背景。而且就孔子此一番批評中，我們庶可更真實地了解孔子心中所抱有之文化理想與文化標準。而孔子所抱的文化理想與文化標準，其真實淵源乃自歷史傳統中來，也可因此更明白了。

六

除卻上述諸點外，如當時列國君卿大夫所抱有的政治理想，與一般士大夫之生活態度及生活理想等，亦皆值得我們注意研尋。我在幾年前曾寫了一篇文章，題爲論春秋時代人之道德精神。❶春秋時代篡弒相乘，當然多有不道德的事情發生。所謂「孔子作春秋而亂臣賊子懼」，似乎是由孔子提出了「忠」、「孝」等觀念，才建立起中國人的道德傳統。今天一般人常覺有了孔子，而中國人思想乃受了他許多束縛。「五四」時代即有人懷疑到屈原的忠君思想，認爲屈原實無其人，此等忠君愛國的傳說，都由當時儒家揑造。實則此種懷疑，乃由不讀書之弊。若論道德觀念如忠、如孝，在左傳記載中，業已充滿了此等人物。正因孔子生在這樣一個注重道德之社會中，才把此一傳統來强調提倡與深入闡發。若使孔子生在古猶太或希臘，也恐不就是這樣的孔子了。因此在中國社會中產出孔子，正可爲中國人之民族性如此作一證。

我那篇文章是在左傳中找出許多具體例證，來講中國人之道德精神。至少道德決非爲個人佔利，而是一吃虧之事。重道德亦即是甘願吃虧，甚至於殺身捨生作犧牲。我在論春秋時代人之道

❶ 編者案：此文收中國學術思想史論叢(一)。

德精神一文中，即舉出了十八個例證。論其身份包括有國君、卿、大夫、士，乃至於庶人。其中忠、孝、仁、信、義皆有。當知斯時尚在孔子以前，而社會上已然公開流行了如此深厚的道德觀。其實此事也不難想像。試問若個人間無道德，則國與國間何來能有公法？道德既是吃虧事，因此講道德總是尚「讓」不尚「爭」。「讓」而至於「讓國」，豈不是一件甚大難事嗎？但在春秋時乃及春秋前歷史上，讓國之事已屢有之。這些都不是先經孔子之提倡，只是孔子事後加以讚賞而已。

我在此文也只不過講到孔子以前的一部分。當然即據左傳具體可講者決不止此。因此我說要講中國古代文化，在先秦諸子以上，此記載二百四十年事之左傳，實應為一部必讀書。若讀了左傳，對此後孔、墨、莊、老諸家興起，自不會多生錯誤的講法。

七

近來亦有人喜把孔子比耶穌。其實若把左傳與舊約對讀，便知孔子與耶穌文化背景歷史傳統大不相同。孔子自然也不易在那時候的中國社會上，出來當一教主。中國社會在那時已不易有一教主，今天若有人想當教主，那自然更不可能了。其實今天世界上宗教問題之糾紛，正是一難題。而中國社會則幸無此難題。亦有人傳播西方人意見，認為若此社會無宗教，即證其文化落後。又有人說中國人是「多神教」，即是文化低淺之證。此等皆是西方人講法。在我幼年時，屢聽到這些話。其實信多神並不比信一神定低級。西方人又喜批評中國人無信仰。但縱說無信仰，也未在歷史上產生出大問題。總之，中、西文化彼此來源不同，經過不同，豈可專憑一方面任意批評另一方面，這決不是一件公平事。若我們真要先求瞭解中國古代文化，我勸諸位且讀一部左傳，總是有益的。

第五講

一

現續講關於春秋時代之道德精神。中國人素重道德，但「道德」二字當作如何講？應先加一番討論。一則道德決非空言，然亦不宜用西方人講法，來硬性規定道德觀念之內涵。我意且不如從歷史上舉出許多極富道德精神之具體事實，來作例證，始可知道中國人一向對道德是作何看法的。我除寫了論春秋時代人之道德精神一文外，又曾寫了一篇劉向列女傳中所見之道德精神，❷都是此意。惜乎沒有機會繼續多寫。

既成爲道德，必然有教訓。中國人教「忠」、教「孝」，西方似乎很少以此教訓人。古希臘蘇格拉底所講之「正義」，亦與中國人之道德觀有不同。正義可以獨行其是，忠孝則必有對象。中國人講道德，乃在人與人之間，此即中國所謂之「人倫」。所以道德不僅是自守自完的，而且

❷ 編者案：此文收中國學術思想史論叢(二)。

必是「及人」的。中國社會看重孝，孝道必及於父母。不孝即是不道德。此種不道德，亦指其及人處而言。特別是在中國刑法中，亦極重不道德，因不道德必然及於人，不僅限其私人行爲。此與西方人之法律觀念又不同。彼方注重權益之保持與損害。如父母遺產，非到臨死遺囑，子女無權染指。子女獨立，彼等以爲並非不孝。即父母貧病，子女不負侍養之責，此等既非不道德，也不違犯了法律。

但在中國人講道德也有兩種。一是普通的，只是不不孝便是，並不一定要人做孝子。若說此人是孝子，則是積極性有特殊性的，他必與人有不同處。至於大忠大孝，則更見有特殊性。孝子與普通人之孝有不同處，而且有大不同處。常人不能如此做，也並非即是不孝、不道德。今日講此特殊性的道德，此必處於一特殊環境中，爲難之極。縱使法律，亦不能事先規定此一不尋常之事件，使人必如此，不如彼。如普通教訓人當孝，但如遇一凶惡之父母，則將如何處?此處卻有人的自由，不能用法律來限制，亦不能用普通道德來規範，此須當事人用他絕大的自由來抉擇，此處纔能看出在他行爲中所表現的道德來。老子書中說：「六親不和有孝慈，國家昏亂有忠臣。」如無宋高宗、秦檜，便應無岳飛。無福王、阮大鋮等，便應無史可法。大忠大孝，正在此等太不理想的境遇中出現。

二

我的論春秋時代人之道德精神一文，即根據左傳，於春秋時代中，舉出許多此種極不尋常而極富道德精神之具體事例，來加以闡發。從之可見春秋時代中國社會上之道德觀念與道德精神，已極普遍存在，而且洋溢充沛。該文第一段引「衛二子」事，見左傳桓公十六年：

衛宣公生太子急子，大了，爲他娶於齊。宣公見媳婦甚美，自己取了，又生壽及朔。急子母因此自縊。宣公後妻卻與她小兒子朔構造惡言，要害急子。宣公使急子到齊國去，暗中使盜待在途中，將把急子殺了。壽知道此事，來告急子，勸他逃。急子不肯，說：「我違背父母，則父母要子何用！天下儻有無父之國則可，否則我向何處逃呀！」壽沒法勸，臨行，强飲急子許多酒，把急子灌醉了。壽便載了他旗，自己上路。盜把他殺了。急子醒來，見壽不在，匆忙趕去，遇羣盜，說：「你們要的是我呀！他何罪？請把我殺了吧！」於是羣盜又把急子殺了。

此事可充分表現出，中國社會上一向所特別重視的「孝弟」精神。爲弟者遇此等事本可告，可不告，因此事和他不相干。但他不忍其兄無辜罹禍，終告之，勸其逃亡。但若逃亡事洩，禍或及弟，此亦爲兄所不忍。兄既不肯逃，弟之內心又不直其母與弟之所爲，且別無他策，乃甘以身代，藉求一己獲得心安，並亦仍冀其兄之得免。但兄亦不忍其弟爲己死，而己獨生，乃亦從容踵死。此二子遭逢倫常之變，又偏遇此難處之境。彼等亦未嘗不計及切身利害，或辨別是非，縱然身死亦於事無補。然終決心甘以身殉，此不過各求心安而已。我等在此等處，亦萬不宜復以是非利害，在理論上空肆批評與攻擊。當知此非國家立一制度，或私人倡一教訓，要人必如此。此乃當事人臨時一種自由抉擇。彼之所抉擇，既不妨害任何人，而且也並非為他自己爭利益、謀幸福。此等事，我們安有餘地在事外作批評！若於此等事尚要肆意批評，那只是「五四運動」時所流行的風氣，遇人在孝、弟、忠、義上甘自犧牲，卻稱之為「禮教喫人」，一若孝、弟、忠、義根本要不得。但若果一世盡是不孝、不弟、不忠、不義，試問此世界如何能存在？當知我們所講之孝，並非為人父者強子去孝，而是為子者甘願如此而稱之為孝。若衞二子之所為，我們只有付以悼惜與同情。我們對此等事，雖不宜刻意提倡，而且也無法提倡，但亦不宜肆意批評。詩經衞風記此事，只是表其詠歎悼思之情而止。史記敍此事，亦僅表示同情，並非教人效法。真道德是最自由的，不能強作教訓，也無法教人效法。因其只是在一特殊事件中之一種自由抉擇。但亦不能說此為不道德。我們遇此等事，則亦唯有寄予以同情而止。若必說「禮教喫人」，則人孰不死，天地生人也只為要喫人而已。西方人說：「不自由，毋寧死」，豈非把教人自由來喫人嗎？又如馬克思提倡「階級鬥爭」，難道鬥爭不喫人嗎？「五四運動」那時，不崇仰西方之所謂自由，即信服西方之所謂鬥爭，一說到中國禮教，則便說是喫人。此所謂喪心病狂。

三

又「晉太子申生」事，見左傳僖公四年：

申生後母驪姬告申生說：「你父夢見了你母，你快作一番祭祀罷！」太子在曲沃祭了，把祭肉送與他父親。適晉獻公出外田獵，驪姬把那一份肉放宮中。隔六天，獻公回來，驪姬把那肉加了毒獻上，說：「你且莫喫，試一下吧！」把來放一塊地上，地墳起了。又把一塊給予一犬，犬死了。再予一小臣，小臣也死了。驪姬哭了說：「賊由太子那邊來的呀！」太子聽了，出奔新城。獻公把他師傅杜原款殺了。有人勸申生說：「你此事可加申說，你父親必然會明白其中底細的。」太子說：「吾父非驪姬，居不安，食不飽。我申辯了，驪姬必得罪。吾父親老了，使他難過，我何樂爲此呀！」那人又說：「那你該逃離晉國吧！」太子說：「吾父實不細察我罪，我加上一個不孝之名逃出，又誰肯納我呢？」於是在新城自縊了。

此事與上引衛急子事心情相同。祭肉置毒這一層，本可辯釋。但申生恐驪姬得罪，影響獻公晚年心境與生活，又不願負一弒父惡名而出亡，乃亦出之自殺一途。申生此一番心情，我們只能稱爲是孝。或說似此愚孝，又有何用?但諸位試再考慮，我們固不能教導申生作不孝的行爲，申生自願擇此一條死路，自然因他曾受過爲人子者該孝之教訓。儻如當時社會無人教孝，或可無此悲劇。但教孝，究竟不是一項該受譴責的。而且像申生所遭遇的此種事，也並不多見。申生自然是犧牲了，但我們平心思之，教孝究竟對歷史、對社會利多抑害多？我們似乎不能說是利少害多吧！受害者如申生，是因有人教孝而犧牲了，這我們只能對他寄予同情。但是一般普通人受其鼓舞，均能在日常行為中樂於盡孝，而延續充實了此種道德精神，這是有利社會的。現在我們要將此種教訓打倒，認為是封建道德，申生則是一弱者，是無能被啰的人。這恐怕只能認為是我們這一時代之風氣，卻未必便是千古真理吧！

四

又「晉狼瞫」事，見左傳文公二年：

狼瞫為車右，箕之役，先軫把他黜了。狼瞫不免生氣。其友說：「何不為此死呀！」狼瞫說：「吾還未得死的場所。」其友說：「吾助汝作難。」瞫說：「周志曾說：『勇而害上，不登於明堂。』死而不義，非勇，要能供世用才是勇。吾以勇求右，現在無勇被黜，豈不正應該嗎？我要說在我上的不我知，若他黜我合宜，豈不是他知了我嗎？子且等著吧！」後秦、晉戰於彭衙，狼瞫帶他屬下向秦師直馳，晉師隨後從之，大敗秦師，狼瞫也死了。

先軫以為狼瞫無勇，這是輕視了狼瞫的人格。狼瞫為維護自己人格尊嚴，為要表示自己是一真勇，遂怒馳秦軍死難。狼瞫自然是接受了當時社會關於勇的教訓，而自由選擇了此一條路。雖是有此教訓，究竟是狼瞫自由接受了，並非由法律束縛。所以狼瞫之勇，乃是狼瞫之人格表現，因此成爲是道德。

五

又「晉鉏麑」事，見左傳宣公二年：

晉靈公無君道，趙宣子屢次諫他，靈公派鉏麑去暗殺。晨往，寢門已闢，趙盾正是盛服將朝，坐著假寐。鉏麑退下歎道：「不忘恭敬，真可爲民之主了。我來害一人民之主，那是不忠的。但違棄了君命，也是不信。我不能兩全，不如死了。」遂觸槐而死。

鉏麑當時所言誰聽到了？左傳所載，乃一種想當然耳之辭，乃左傳作者想像中代爲死者道出這番話。但鉏麑縱是無此說話，不能說他無此心情。那時孔子尚未出世，後來孔子教人「殺身成仁」，近代人便謂孔子不近人情，爲何要爲「仁」殺身？但當知孔子也非憑空立此一教訓，在孔子前早有人實行此種道德了。鉏麑僅是一勇士，奉君命去行刺，他見趙盾朝服假寐，不由得他內心感動，不忍殺。但棄君命，他亦不肯，乃把自己犧牲了。直到今天，下層社會中仍有人如此，只要答應了人，必定做得到。這卻不是一種法律約束。鉏麑之自殺，乃是他的不得已。我們今天固不當提倡自殺，但自殺也有兩種：一是消極的，一是積極的。鉏麑之自殺，則是積極的。因他不僅逃避了某種困難，而又完成了某種理想。如佛徒跳捨身崖，求往西天，此是一種愚昧。又如負債自殺，此是懦弱，想逃避責任。若鉏麑之死，則有偉大價值，真可謂是殺身成仁。至少我們不該再來批評他才對。

六

我前去臺灣時，聞說吳鳳的故事，真是可歌可泣。吳氏爲要勸阻高山族人以人頭祭神之惡俗，而以身殉。高山族人感動了，從此不再殺人，深深悼念吳鳳之爲人，奉他爲阿里山王。日據時代，亦心敬吳鳳，仍照舊禮修建新廟，奉祀不輟。吳鳳此舉，猶如中國歷史上所稱之「死諫」。人誰無死？吳鳳時已五、六十歲，縱使再一、二十年，仍得一死。但由此而使高山族人之文化向前大大邁進一步，以此較之耶穌上十字架，未必不是同樣的偉大。耶穌上十字架，乃爲羅馬法官所判。吳鳳則甘心求死，實亦是十字架精神。

我在美國時，又聽到丁龍故事。丁氏是一不識字的人，未曾讀過書，畢生僅做一傭僕。但有義行，深得彼邦人崇敬。今天美國哥倫比亞大學中，設有「丁龍講座」。不僅是紀念丁龍，實爲重視丁龍，而要人肯用心來研究中國文化。丁龍與吳鳳，可謂同樣是一偉大人物。在中國社會中確常有此等人。

七

今天所要指出的，是在孔子前早有此等人，如狼瞫、鉏麑，也彷彿此一類。然在「五四時代」人，偏要說屈原之忠君愛國是受孔教流毒，僞爲忠孝。此只能說他們是不讀書之過。但如丁龍、吳鳳，均是讀書不多，此種精神也可說乃中國民族所特有。中國人與西方人性情上確有些不同，中國人自有中國人的一套。現在我們皆知中國人之短缺處，但中國人是否尚有好的一面？若中國人一無長處，則試問中國何以能四千年屹立存在直到今天？「五四」稍前，吳稚暉先生曾說：「中國不亡，是無天理。」這確是一問題，當知在近人所認爲之無天理處，卻有中國人之偉大所在。

在中國文化中，實有一套道德精神。可惜我只寫了兩篇文章，一據左傳，一據列女傳。諸位儻肯繼此搜羅，自史記以下，直到臺灣吳鳳，美國丁龍，把具體例證一一寫出，也是一種極有意義的事。

「五四時代」人只說「禮教喫人」，其實科學也不是不會喫人的。美國只投下兩枚原子彈，請問幾多日本人被喫了？人總有一死，被喫也是不得已。若繼今以後，科學上能發明出不死之藥來，到那時恐怕更須講道德，更須有禮教。

現在有許多人喜歡講中國文化，那是好現象。講中國文化，便會講到孔子、老子。但從前中國，實無人說孔子、老子是一思想家。因孔子、老子所講，並不自思辨邏輯而來。他們的話，多半從歷史經驗引伸。我們也該從歷史事實中去證實，去闡發。所以我們講中國文化，只從孔子、老子講起，也不免是一偏陷。

我平時也喜歡講中國文化。曾有人問：「能否用一句話來簡單扼要說出中國文化特殊精神之所在？」我嘗為此一問，心中困擾數年。後乃知中國文化傳統中最特殊者，應是一種「道德精神」。此種道德精神，最好在歷史故事中具體求證。不僅在歷史，尤應在當前的社會上。縱使今天中國一切不如人，但在下層社會中，尚保有甚多舊道德。有許多無知識人，他們不懂講文化問題，但他們懂道理，能實踐。中國社會只要維持此種道德精神，中國永不會滅亡。然若問中國何以產生了此批富於道德精神之人物？固然與孔子、墨子等設教有大關係、大影響。但孔、墨以前，早已有此種道德精神之充沛流露，即不能不說是中國國民性有此一特點。

說到國民性，引伸至極，遂不得不說中國人受了天賜。中國人所處地理環境，特適於此等國民性之養成。地居溫帶，所謂天地溫淑之氣。又在中原，而又完成了一個大一統局面。不像是在倫敦、莫斯科，酷寒濃霧，地偏勢隔。中國古人處境較便宜了些，毋須爭奪，不尚殺伐。於是培養陶冶出一套溫柔敦厚，斟酌調和之性格，務求於人事上或內心中求一恰好安頓。如此達於極致，而有一種勇於自我犧牲的道德精神。這在二千五百年前，便有具體記載可以作證。

我上面只是偶拈幾件事，請諸位詳細讀我那篇關於春秋時代道德精神的文章。更望諸位進而一讀左傳。又再往上推，詩、書所見，莫非此種精神之隨處流露。所以我勸諸位，與其在理論思想上去講中國文化，實不如在歷史文獻中去尋求中國文化，更爲具體落實、可信可靠。

第六講

一

我在上一講中，簡單舉出春秋時代富於道德精神之例證，由此可見當時中國文化，已達至一甚高程度。但試問春秋時代何以能有此高度文化？若再逆推而上，即仍必有其淵源所自。中國在唐前，很少「孔、孟」並稱。孔、孟並稱，乃宋以後事。自漢迄唐，中國儒者率言「周公、孔子」。孔子亦自言：「我久已不復夢見周公。」可見孔子所嚮慕之古人，厥爲周公。故欲講中國古代文化，當特別注意周公。講古代學術，詩、書、禮、樂，亦多出自周公。中國古代學術，亦可說乃由周公所創之「王官學」，流變而爲孔子所創之「百家言」。今人專重孔子，不上推周公，終不得中國古代文化淵源所自。

講古代歷史，遠溯上古，必有一特徵，厥爲「歷史人物」之少見。所有上古人物多屬傳說或神話中人，多有不可置信處。而關於此人物之人格個性，尤極模糊。此乃世界各民族初期歷史所皆然。中國歷史比較少神話，傳說中人物如堯、舜、禹、湯、文、武，雖不能一一認爲信史，然傳說成分較多於神話成分，因此其可信成分亦較多。但仍只是可信有其人、有其事，而所謂人物個性與其特殊面目，則仍不清晰，仍不精詳。我常言中國歷史上人物，應自周公始。周公以上之古帝王、古聖人，只是傳說，很難認識其個性，亦很難明白其事業真相。中國古代歷史人物，能使我們明白其個性與其事業之詳者，應始於周公。而周公又非傳統政治上之最高人物。周公在西周創始史上所傳下之事業，最重要者厥爲「制禮作樂」。此乃周公對當時乃及此下中國史上之一大貢獻。所謂「制作」，猶如今云「創造」。中國人自周公以後，下迄春秋時期，特重禮樂。此下儒家自孔子下及孟子、荀子，所講求之重點亦在禮樂。更以下自漢至唐所定各項政治制度，其實即古代周公制禮作樂之承襲與演變。由於中國歷史悠久，後人考求漢、唐制度已甚困難，而對周公制禮作樂之精義則漸遠、漸模糊，難於深求。於是多講漢、唐，漢、唐以上只言孔、孟，而無法上推周公。實則孔子之道即上承周公之道，而漢、唐時代各種政治制度，則可謂乃接續周、孔精神而來。惟孔子僅見於空言，而周公則見之於具體之事實。就此點言，則周公之在中國上古史上，其具甚大影響可知。

今人未嘗不羣推孔子爲大聖人，謂中國文化繫於孔子。然又謂秦、漢以後，中國進入「專制時代」，孔子學說未能真見之於實際政治上。則試問秦、漢以後講孔子學說者，繼續不絕，何以一無用處？又何以說孔子對此下中國有大影響？又何以謂中國文化特重在孔子？豈不兩項說法前後矛盾？可見近人講先秦諸子，第一缺點是不能上求其淵源於西周及春秋，第二缺點是不能把先秦諸子之影響後代者仔細發揮。我曾寫中國歷代政治得失一書，闡發中國傳統政治並非如近人所斥之黑暗專制。一般人或以爲我故作迴護之論，但歷代制度俱在，可資佐證。諸位即讀我的中國歷代政治得失，便知我言都有根據，並非濫發空論。在孔子當時，他一生鬱鬱不得志。但後來講孔子儒家學問者，卻多走上政治舞臺。若謂孔子對後來中國史無影響，則在中國文化中之孔子價值又何在？至少孔子作春秋，並非倡導專制。孔子的政治理想，其淵源自周公來，此亦並非即是降低了孔子之地位與價值。歷史不能脫離演進，一切非憑空突然而來。我們只可說孔子較周公或更進步，但孔子的學說思想也有一源頭，其源乃來自周公。猶如釋迦之前有婆羅門教，新約之前有舊約，在科學上每一項新發明之前也都先有發明。講歷史不能把來橫面切斷，對前面全不理會。

但若要講周公，其事更難。因講到周公，必牽涉及經學。經學在中國學術史上本已聚訟紛紜。如詩經、尚書均已傳有三千年之久，雖說傳誦不絕，又有一部分文字比較易明，但其中文字艱深的也不少。而且時代愈久，其中所包蘊的問題愈見模糊，驟難有定論。尤其是今日國人有不悅學之風，又妄自菲薄，鄙棄中國書不願卒讀。而一聞「經學」二字，更有認爲不屑讀，甚至抱深惡痛絕之成見。經學不講，則周公爲人更難索解。現在要講周公之制禮作樂，及其對中國文化之關係與影響，則只有根據詩書與從來經學家言，作為第一手之材料。

二

周武王伐紂，為西周開國之第一代天子。但在文王時，已是「三分天下有其二」。此語確否姑不論。但其下句，「以服事殷」，則必是事實。當文王時尚為殷代一諸侯，「文王」乃後所追稱，當時謂之「追王」。武王滅商有武功，故謚曰「武王」。文王「三分天下有其二，以服事殷」此見其文德，故謚「文王」。謚號亦自周而起，如「成」、「康」、「宣」皆美謚，「幽」、「厲」皆惡謚。「文」、「武」雖同是美謚，然當以文德為尤勝。故明是武王伐殷而有天下，但周人必尊文王為天下始祖。此非建立一制度，而是訂定一項「禮」。以文王為天下始祖之太廟，天子每年必於太廟舉行大祭，天下諸侯必來助祭。配合於禮者有樂歌，以頌揚文王之德。

此即周公制禮作樂之所定。周公何以必欲追尊文王以為天下之始祖？蓋周公之意，將以昭示天下後世，得天下必當以文德，不當以武功。周之前有商，商之前有夏，方其臨制天下，何嘗不為天命所歸。但天命不可長恃，天意常視民心之歸嚮而轉移，民心所依則在文德。故為君主者，勿以為可永保王位。若民心一去，則必遭上天之厭棄。周公此等理論，屢見於尚書，所以警告周代今後繼承之天子，亦以曉喻天下，使共知此理。蓋周公之宗教觀念、政治理論、歷史哲學、教育宗旨，一以貫之，胥於此項禮樂中顯出。後來的孔子思想，亦全從此項大綱目中演出。

周公之立廟祀祖，尊文王爲開國者，此舉已極偉大。但周氏族在始得天下以前，仍必有其來歷。於是周公又尊奉后稷爲周氏族之始祖。后稷故事載於詩經大雅生民之篇。后稷母姜嫄，出祀郊禖，於路履大人足跡，遂感而有娠，生稷。以爲不詳，惡之。棄諸隘巷，牛羊護之。棄諸林中，爲伐木者所救。棄置寒冰之上，羣鳥覆之。皆不得死，始取歸撫養。周公在詩經生民章中講后稷故事，乃寓有許多之神話。但我們讀此詩，可知在后稷生時，周氏族已有社會羣居，已有伐木者、畜牧者等各行業。可知在后稷以前，周氏族歷史仍遠。但爲何說后稷爲「厥初生民」？此蓋以后稷教民稼穡，對人民、社會有大功德、大貢獻。周公仍是站在全人生、全社會之立場來推尊后稷，奉爲始祖。此一點，使中國社會此下永遠不會產生達爾文或宗教。因周公不追問人類如何開始，而只在已有社會中選一偉大人物爲始祖。此項禮制亦自周公始。此後中國社會永遠承襲遵行。如後代百家姓，每家必有一始祖，但此等始祖皆是在社會上有功德者。此非生物自然之始祖，乃人文歷史上之始祖。周人得天下，固自武王始，但周公必上歸之於文王。周人之有氏族，其先必有一始祖，但周公必斷自后稷，更不上推。此種禮制之背後，皆寓有深義，惟後世認爲固然，遂不能闡說其所以然。但周公制禮之深義，實已彌綸滲透在中國社會之廣大深處，使人視若固然而更不討論其所以然，即此已見周公在中國文化傳統中之深厚與偉大。

三

武王統一天下後，周公又推行封建制，立太廟、祀文王。諸侯每年元旦，必來朝覲，同時參加周王室太廟祀文王之大典。於「宗廟」之外有「社稷」，使普天下上自貴族，下至平民，各祀后稷，以報其功德。又於各項祭祀中，制爲詩歌，編爲劇曲，唱詩舞蹈，以表現所祀奉者之歷史往事，此即禮中之「樂」。此在詩中爲雅、頌部分，皆是讚美周代祖先之功德。其他各項禮制中，必配有各項詩歌樂章。在此等禮制樂章之背後，皆必寓有歷史往事及人生教訓，使天下諸侯與普遍社會，莫不沉浸淫佚於此項禮樂之中。故周公之制禮作樂，雖有一項政治作用之存在，但其意義極爲深厚寬大，既非如後世帝國之用武征服，亦不如宗教之憑神起信，並亦不煩有嚴密之法律統制。抑且周公封建依舊保留殷人舊傳統，使得仍能建國，在其國內仍保留其先代之傳統習尚，是爲宋。其待夏後亦然，是爲杞。周公保此杞、宋二國，後世經學家稱之爲「存三統」，蓋指其保留歷史上政治三大傳統。其用意在鑒戒世人，使知天命不於常，有德便可王天下，一姓一族不能長期統治天下，使上下都能常自省惕。故周公封建，不僅封同姓，且亦「興滅國，繼絕世」。此即寓有一種極深厚的文化歷史之教訓意義在內。因在歷史上，曾有過如此多之國家，盛衰不常，今使一一仍存留於世，用以儆戒後人，不可憑恃一時武力，認爲可以宰割一世，此後彼之自身，即便爲別人所宰割。此爲中國歷史上之封建制度，此本爲一種政治制度，而寓有一種合理的文化觀點及仁厚的人文精神在內。

四

若論西方歷史上之「封建」，此乃羅馬帝國統一政府崩潰後之一種社會形態。其時雖有「神聖羅馬帝國」之呼號，但只是有名無實。唯有捧出教皇爲國王加冕，使宗教勢力凌駕於政治之上，終於演成政教衝突。最後由國家政府下令民間宗教信仰自由，實已是政治戰勝了宗教，而後有今日之歐洲。他們脫出中古時期，漸使各國轉變成爲一種經濟上之組合體。但文化上之大一統，則仍遙遙難望。

在周公時，周人本亦以武力得天下，但周公之理想則在求文化上之大一統。彼之制禮作樂之用意端在此，孔子之崇拜於周公者亦在此。所以孔子講文王之道，而說：「文王既沒，文不在茲乎！」又說：「久矣吾不復夢見周公。」孔子以文王、周公並提，而中間不甚提武王。近人梁任公嘗說：「西方尚法治，中國尚禮治。」但「禮」如何用來治天下？此則須具體講明周公當時制禮作樂之精義，自西周下及春秋時代之歷史背景，始可具體明白中國古代「禮治主義」之實際事狀。孔子論古人，自周公以下，唯重管仲。此因管仲能輔齊尊王，而一匡天下。孔子何以又說：「齊桓正而不譎，晉文譎而不正。」齊桓之不失正，則爲管仲之功。此等處均不得於空言中求之，而應從具體事狀中求之，則應細讀左傳。欲明孔子，不僅須讀論語、春秋，還須下究漢、唐。欲明周公，同樣道理，不僅須通詩、書，仍須下究春秋時代。凡在文化傳統中有價值地位者，則必於此下歷史事狀中有其影響。諸位又應將中國春秋時代把來與今日世界相比，在今日只有共黨尚有一套馬克思理論，而西方自由世界則實已並無一共同的理論作指導。西方國家之所謂自由，此實來自法律，人人當在法律之下有其自由。而西方法律精神大體來自經濟，所謂權利、義務，皆從經濟著眼。至於宗教上之上帝，則又實際並不管此世界之俗事。

五

中國在古代出一周公，此誠爲一偉大史實。自周公下開孔子，即是周公對中國文化歷史之無上影響。中國文化中之道德精神，亦可謂自周公制禮作樂始具體創立。我們研究中國上古史，上自詩、書，下及左傳，皆應注意周公個人之人格影響，始可得一條貫。周公在上，爲一大政治家。孔子在下，爲一大教育家。孔子有衆多弟子，較之周公有衆多諸侯，對歷史上影響尤爲偉大。此可使中國人深知何者可以傳諸久遠，深知「教」必在「政」之上。而今日孔子之地位，亦遠在周公之上了。

今天我們若昧失了周、孔之道，則中國文化便即失其特點。而所謂「傳統」，亦即無存在之價值。今天我們一輩講中國學問的人，也醉心於追隨英、法、德、美諸國所謂「漢學家」之後，大體系擱置一旁，專在小節目上求知，無意中將中國文化與古希臘、巴比侖、埃及同等看待，這是大值我們痛心的。

今再綜合言之。中國人講道德，乃自個人開始，再遍及於全社會、全天下。無論后稷、文王、周公、孔子、老子、墨子皆然。在今天的中國，不得已而思其次，只希望能出一管仲，即已足矣。中國不會亡，但如何去做一中國人，則要我們自決自求。三千年前之周公，兩千五百年前之孔子，言論思想，人格行事，一一在我們目前。只要我們肯去探求，又如何拿來變通實施，又如何把來更進一步發揚光大，此均待我們之努力。

秦漢學術思想

第一講

一

我們講秦、漢的學術思想，首先要談一談中國文化傳統。中國文化，若依照現代語來講，可說是一種以「人文主義」爲中心的。但此人文主義，仍和西方人所謂人文主義略有別。中國人所謂人文主義，主要在看重政治與教化，其中心所重乃在此一人羣，略如今所謂之社會。此一社會如何相處、相安？最要者仍在「政」、「教」二端。

事實上，中國古人有其理想來領導政治，再以政治來領導社會。諸位或將疑及，以政治來領導社會，便不民主。實則政治確當領導此社會，而此種政治必應有一理想作領導，而非以權力爲基礎。中國傳統最講政治理想，其最後、最有成績者，應是周公。周公是中國古代最後一位大政治家，他定出了一套具有甚高人文理想的政治制度。後來至孔子，出而領導教育，即以周公爲最高之楷模。所以周公到孔子，乃中國古代傳統文化之主要精神由政治轉向教育之最入關捩所在。

論語子貢曰：「夫子之文章，可得而聞也。夫子之言性與天道，不可得而聞也。」「性」與「天道」，此即近代國人所謂之「哲學」，中國古人在此方面發展不大。關於近代哲學所謂「形而上學」、「宇宙論」等，此見懸空，脫離社會實務。中國古人好像不大喜歡講，即孔子亦如是。而此處所謂「文章」，則可分爲兩部份講：一是政治性的，即一切擺出來的治國、平天下之規模和制度。另一部份則是根據那些道理寫下來的著作。此在古代最主要的，即稱爲「禮、樂」，而寫成典籍中心的，則爲「詩、書」。

周公的禮、樂究竟是些什麼呢？此問題要從考據上去講。但寫下來的詩、書，則仍留傳至今日，我們可根據詩、書來推想當時周公之所以治天下之具。周公時代之禮、樂，今已不得見。僅在詩、書中，猶保留其一部份。可以推見其政治理想和政治設施之一部份，間接亦可明瞭周公之「制禮作樂」究是什麼一回事。此種學問，成爲此下中國之「經學」，即是根據中國古代幾部經書，來講論古人治國、平天下之道。至於修身、齊家，實亦包括於治平大道之內。必先修、齊，而後方可治、平。故禮、樂不僅是大羣之治教所賴，亦各個人之修養所需。因此，以下中國儒家所講之經學，其淵源乃來自周公，並已實施爲治平之具，故在漢代儒家說「通經致用」。即到後代尚有趙普「以半部論語治天下」之故事。蓋孔子之學亦來自周公，故仍可爲治平之具也。以上此一番話，我們應先了解，然後方易講明秦、漢時代之學術思想。

韓昌黎曾說：「周公而上，上而爲君，故其事行。周公而下，下而爲臣，故其說長。」故此下講周、孔之道之人，而得致身社會上層，掌握了政治大權，他自會要求訂制度、興禮樂來治國、平天下，把他們的精力和工夫花在實際行事上，此即所謂「學以致用」。若果不得已而屈居於下，則只有同孔子一樣，來從事著述、講學了。如戰國時之孟、荀諸子百家，此皆不得在上者。但彼輩所講仍是一套修、齊、治、平之學，甚至如莊子、老子等，亦都如此。所異只在意見上，在實施方法上。但其對象則一，都注重在人文政教。不過是講論機會多，而實施機會少，如此而已。

二

秦、漢天下統一，貴族階級消滅，平民政府出現，一般讀書人都獲任用。此輩讀書人的精力工夫，乃轉移到政治的實施方面去，遂有了兩漢四百多年的太平盛世。從外面看來，好像漢儒少思想，少理論。其實並不盡然。只是他們的思想理論，隱藏在行事的背後了。下及魏、晉，天下大亂，一輩讀書人在政治實施方面無可著力，於是又流於著書立說，講思想，講理論。下及隋、唐時代，中國又統一了，讀書人走上政治的，如房玄齡、杜如晦、魏徵等，他們的精力與工夫，又都流注到行事方面去。固然在唐代也出有不少高僧和大文學家，然更重要者，還多走向實際政治，反無甚多政治思想可言。宋代雖亦是一個統一政府，但卻積貧積弱，開始便沒有好規模擺出來。許多讀書人感到政治無可爲力，於是轉到講論學術思想的路上去。明代廢宰相，儒家難能走上政治路向，故在下講學的更多些。清代開始，學者更無權參與實際行政，才更轉向在野講論方面。要到道、咸以後，禁止漸弛。直到清末，學術界與政治界正逐漸分開，模倣走西方社會的路。

我們根據上述，在中國歷史上有些時代，他們的所謂「學術思想」，大部都表現在政治上了，因而反像沒有學術思想可言。秦、漢時代，便是如此。此因秦、漢時代之學者，多數是得意在上，故不待開口，只求把事業做出來。但卻不能說他們無學術、無思想。孔子有甚多話講，而周公則並無話講。然應自禮樂與政制背後，講出周公心中一番道理及其精神來。當知周公乃是從其思想而演出其外在之制度，故我們可以從制度推見其內涵之思想。

如我們研究孔子、朱子，當看他們的思想會推演出那樣的政治來。若我們研究漢武帝與唐太宗，我們即應從他們的政治來推尋他們背後的思想。中國文化傳統正因偏重人文主義，以政教爲中心，所言必求能行，所思必求有用，此一傳統與西方實不同。若我們跟著西方，便把政治和學術分開，則秦、漢、隋、唐時代，便會有許多無從講起，即講來亦失卻真相，此緣中、西雙方歷史情形根本不同。故我此次來講秦、漢學術思想，開宗明義第一點就提出此看法，要請諸位瞭解。

三

其次講到秦代，秦人所以統一六國，通常多以爲由於秦國之武力。實則戰國時代，業已流行著大一統、王天下、天下一家、中國一人、大同、太平等思想。此種思想實主要促成了秦代統一。

在戰國時，任何思想家都不抱狹義的國家觀念。諸子理論，都以天下爲對象。雖其間各家各派立論不同，然其大對象則一。所共同要求者，乃是天下之治平，非各自國家之富强。秦人能統一天下，實已是當時社會一共同要求，學術界一共同理想所在。故秦人能乘此機運，而完成其統一之大業。

秦國之偉大處，在其最早便能不任用貴族，而多用外來之客卿。其他各國尚都是貴族用事。從這一點，便可說明秦國最能順應潮流。即如秦始皇時，宰相李斯乃楚人，大將蒙恬乃齊人，都是客卿。秦國能把國家之最大權位交給於非本國人，這就顯見較六國爲進步了。待其統一天下後，也有他們的一套辦法，如中庸上所說的：「今天下車同軌，書同文，行同倫」，此實是說秦代統一以後之事。我們也可說秦之統一，事實上已是中國社會文化之統一。如其推行小篆、隸書來統一各地文字之異體別寫，這是有大意義、大貢獻的。直到漢代，欲入政府做一公務員，首先必考試寫字，決不許寫別字。中國文字劃一，是自秦代開始直迄今日。「書同文」，實是了不得的一件大事。

又如「行同倫」，此與「書同文」實同指教化言。中國政治一向不太重視法律，而很看重人倫。法律是爲統治，人倫是爲教化。這一套思想應是秦相李斯的主意多些，而李斯則是荀子學生，亦是一儒家，一學術思想界培養出來的人。而秦始皇任用李斯，在彼心中，自然亦有其一套思想、意見可知。故秦代開始已是走上了重用學者來搞政治的路，這不是又走上了周公理想了嗎？此乃中、西歷史文化基本不同處。

今天所講則只是本講題之一個開端。當然秦始皇與李斯並不十分好，更決不能和周公相提並論。但我們所講只注重在文化大傳統上，所謂以學術來領導政治，且又以政治來領導社會。則秦始皇與李斯，確是在這一傳統下受了影響的。

第二講

一

清末民初時，一般學人，率以中國先秦時期比擬西方之希臘。認爲當時有諸子百家，思想最複雜、最自由，中國學術以此一時期爲最發達。迨秦一統，此一自由發達之學術思想便告一段落。以下中斷，似是一脫空時期。此說實不盡然。

中國學術思想，自秦以後，仍然繼續，並未中斷。只是時代變了，思想也跟著變。從前可謂是諸子百家的分裂時期，而現在則要求調和融通而歸統一。我上次已講過，統一是時代要求，秦人順此機運，故得統一中國。政治既臻統一，同時期之思想界，其內部本身也需要統一。各家各派爭辯對峙，究竟那一家的對？那一家的不對？抑或在兩家之間，能否有一匯通之處？此種要求，並非盡是專制政府在求統制學術、劃一思想。

戰國時，雖說百家爭鳴，但特別重要者，亦僅儒、道兩家。中國傳統文化精神偏重人文，道家則較重自然，此之謂「天人之際」。人生本存在於自然中，人類不能脫離自然而生存，亦可說人生亦是一自然。就此點看，似乎道家是在講其大者，而儒家則只講其小者。因此，後起儒家，不得不會通道家，自求廣大。當時儒家中做此工夫者，例如易傳，非孔子所著，實乃戰國末年或秦、漢間人所作，其思想雖亦以人文爲中心，但能顧到大自然。此則儒家匯通道家之後，而另成爲一派新儒家。又如中庸，上講所引「今天下車同軌，書同文，行同倫」之語，即出其篇中。此篇亦當爲秦初之晚出書。今收入小戴禮記中。小戴禮記其他各篇，亦多從事儒、道匯通，而欲成爲一派新儒家之思想者，如禮運篇，後人或言其爲道家思想，亦有人指其爲墨家思想者，然實際仍是儒家言。只是當時之儒家，多欲調融道家，並再匯通其他各家，而創造出一番新義。此即是一種學術思想趨向統一之徵象。儒家如此，其他各家亦莫不然。此種情形，中國人向稱之曰「氣運」，今人則謂之爲「趨勢」或「潮流」。上述易傳、小戴禮記諸書，皆在此氣運中產生。雖此諸書之著成年代，至今或仍有人懷疑，爭論未定，然大體已甚顯然。

自先秦末期，下迄漢代新興，中國學術思想界趨向統一，另成一新潮流。此實爲當時時代之一種大趨勢。卻不得謂秦代統一後，中國學術思想即告中斷，更無表現。

二

除上述新儒家外，其他欲匯通各家而自成一新派者，大致有三派較有力：

一是鄒衍。戰國百家中之所謂「陰陽家」，鄒衍是其主要創始人。其實此派思想，即欲匯合各家別創新說，以順應此時代需要而起。鄒衍著述甚富，惜已不傳。只在史記孟子荀卿列傳中，略可窺見其思想之一斑。漢代極看重鄒衍，認為可與孔子相當。惟太史公獨具隻眼，認為孔子以下，真能傳儒家統緒者，應屬孟子與荀子。故其於史記中，特為孟、荀合傳，篇中附帶提及鄒衍。正可從此篇列傳中，看出鄒衍思想，大體是採用了莊子，即道家大自然思想，而求會通於儒說。鄒衍是一極富想像力之人，又善於組織。所惜是漫衍無歸，致失儒家真義。而其支派演變，遂流為神仙方士，多涉迷信之類。其說直傳至近代，仍在下層社會中普遍流行。醫卜、星相，無不與此派思想有關。由此可見其勢力之大，影響之廣。但現在我們卻苦無法在此方面詳細講求。

第二是呂不韋。本趙國大賈，遊秦為客卿，位躋相國。嘗招致甚多賓客，集體撰寫一書，備述天地萬物古今之事，名曰呂氏春秋。此書亦折衷百家，調和創造出一套新思想。方撰寫時，每成一篇，即公開布諸咸陽市門，謂有人能增損其一字，賞千金。此舉實欲掌握學術界權威，藉以奪取政權，由是遂釀成當時秦國政治上一大鬥爭。當時流言，秦始皇乃呂不韋私生子，信否難言。但彼二人之背後，實有一政治鬥爭，則是毫無疑義的。呂氏春秋在漢書藝文志內，列為「雜家」。此因其書內匯通各家各派，而不專據某家某派為主，故遂被目為雜家了。

第三人乃漢代劉安。為漢武帝之叔父，封為淮南王，亦曾集合賓客撰寫一部淮南王書，現稱淮南子，與呂氏春秋同樣留存迄今。書以道家爲中心，進而匯通百家，此亦可謂是一新道家。其後劉安與漢武帝衝突，以謀反名自殺，實則此亦憑藉學術以爲政治鬥爭之一種衝突。

由上述三人，可見中國自戰國末期起，整個時代之「氣運」皆在希望統一，即思想界亦不例外。大家走上此路，皆求如何統一匯通先秦各家各派之思想，以自成一套新的。其得失成敗如何，乃是另一問題，要之不能謂是學術中斷。

三

秦始皇在政治上鬥勝了呂不韋，但在學術思想上，在此以前各家各派所有勢力，秦始皇也無法蔑視。而且始皇自身，深受當時學術思想界影響，其在政治上有一極重要之措施，即是開始設立「博士官」，職掌不涉實際政事，專掌學術。不論古今，只要有一項專門知識與學問，便可設置一博士。故秦代博士官，乃儒、道、墨、法各家各派方面之人，盡歸搜羅。漢書百官公卿表稱博士「掌通古今」，此亦可稱爲乃一純屬學術性的官僚，對古代、現代能通任何一門學問者，皆有資格充當。雖不管實際政務，但對國家大政，亦得參預論議。此猶如今日政府中有顧問、諮議，所謂專家、智囊團之流。在中國歷史上，遠在兩千年前，即有此一類專掌學術性的機構，而且此下亦從未中斷過。此種官員，我們不妨稱之爲「學官」。所以中國政府，我們可以稱之謂乃一「士人政府」。西方社會有「民」無「士」，故彼之所謂民主政治，與中國傳統之士人政治，仍有其大不同處。中國政治傳統由考試制度來選士，西方民主政治則由政黨來選舉代表。直到最近，西方始慢慢有參考推行中國之考試制度者，但考試終不如選舉之重要。此亦中、西雙方政治傳統一大相異處。而中國政治上之考試制度，則早在幾千年前已有。此亦可稱爲中國歷史傳統中一偉大處。

在秦代，儒、道、名、法、陰陽諸家，皆得入政府爲博士。博士官中當然亦有並不能代表真學術者，如占夢博士之類。又如山海經一書，多涉恢奇詭怪之事，在秦廷殆亦有此方面之博士。秦始皇遇出巡，每至一地，率皆詳詢專治此類傳說之博士，遂而依其言來祀神祇。

四

在秦廷一最要之政治措施，厥爲廢封建、行郡縣。有一次，始皇置酒咸陽宮大宴羣臣，諸公卿與博士官等紛然上壽。有一博士即席發言，批評始皇廢封建之舉，以爲中國有史以來向未有此。今廢封建，太子降爲庶人，如秦始皇長子扶蘇即未有封地，等如一平民身份，似此實不足以統御天下，爲長久之計。依今日看法，始皇廢封建，實是一明智之舉。但秦廷當時之政權，實甚孤立，故附和此反對廢封建博士之意見者極衆。此輩多講周、孔之道的儒家，當時則譏之爲「食古不化」。秦始皇以此事商諸宰相李斯。始皇嘗讀韓非書，大為激賞，每歎不能與此人同時。李斯告以曾與韓非同學，其人尚在。韓國聞之，遣非使秦，始皇留之，意欲畀以重任。李斯妬而進讒，非遂瘐死獄中。從此故事，可知始皇亦是一能欣賞學術之人。

始皇既重用李斯，李斯勸其勿聽諸博士反廢封建之說。此舉實非不是，廢封建乃是當時歷史上一大進步。李斯，荀卿門人，荀卿則是知識階級中貴族主義者。荀卿書中把知識分成幾個等級，最高者是「大儒」，較次為「小儒」，又次為「庶人」。尚有一部份就知識論，亦是庶人之輩，但自視甚高，不知尊信大儒，如墨子、揚朱等人，此輩為荀卿心中最所厭惡，稱之為「奸民」。此一心情，在荀子歿後戰國末年，儒家中極所盛行。秦人統一天下，學術從此亦將定於一尊，再不容許人隨意亂講。荀子這些話，若借用今日之說作譬喻，則大儒是「先知先覺」，小儒是「後知後覺」，庶人是「不知不覺」，而奸民應是「反動份子」。荀子書中有此一理論，李斯據守師說，遂有焚書之事發生。我們應知此一事件之起，實由博士議廢封建來。秦始皇與李斯力排眾議，自有卓識。惟焚書態度，則實差誤。但亦從荀子理論來，只是荀子僅載之空言，而始皇、李斯則以見之行事而已。

春秋、戰國以來，大家已厭兵革，希望和平。秦人統一後，人們認為從此只有一政府，不復列國分峙，應不致再有戰爭。基於此一觀念，故秦始皇自言彼乃「始皇帝」，其子為「二世」，孫爲「三世」，如此連續，直至萬世。今人多批評此語，認爲始皇之專制思想，欲求其一姓爲帝。審諸史實，亦殊不然。蓋當時人已誤認不能再有革命來推翻此大一統的新政府。如漢高祖以平民爲天子，此亦中國歷史上前所未有之新局面，亦非始皇所能想像。

五

始皇聽李斯言，遂有「焚書」之舉，然亦非將當時全部書籍都焚了。李斯師荀卿，荀卿崇拜孔子，孔子有弟子七十二人，故秦廷立博士亦七十二員。誰是第一人起來反對廢封建者，其詳已難考。惟此七十二人，固非全部都反對廢封建。秦始皇當時所焚者，只是此批反對廢封建者所根據之書籍，而復將此部份博士分遣返家，廢此博士位不復設立而已。其中即有一位治尚書之博士伏生，私將其書秘藏於家壁中。下及漢文帝時，訪求尚書，乃遣晁錯至其家。時伏生已老，乃由其女相助口授。伏生蓋在焚書案件時被廢者。

又秦末山東兵起，二世嘗召集諸博士問對策。此可爲始皇焚書後，秦廷仍有博士官之證。

此外，書籍亦非全焚去。如詩經乃可背誦。如呂氏春秋、莊子等書，何人能通體記憶背誦之？下迨漢興，禁律一除，書乃復出。我們自漢書藝文志中，可知自戰國時保留下來之書籍甚多，遭秦火者，僅是一小部份。

至於「坑儒」一事，則更與「焚書」不相干。如叔孫通在秦代，即是一博士，彼尚有甚多弟子相隨。下及漢初，叔孫通復蒙重用。秦代坑儒，決非凡儒盡坑。關於秦始皇焚書坑儒之記載，詳見於史記始皇本紀與李斯列傳中，始皇、李斯抱持其智識貴族階級之高傲意態，不容許有反對者。其情記載頗明備，只是後人說得不符真相罷了。而且中國自有書籍，亦從未將「焚書」、「坑儒」連做一事看，故「焚書坑儒」四字亦決不連用。此四字連用，必見於清末西化東漸之後。當時中國人方自譴以爲中國傳統政治乃一如歐西人之所謂「帝王專制」，而秦始皇遂爲其罪魁禍首，「焚書坑儒」乃其罪證。余此所辨，亦爲中國文化傳統、政治傳統而作。

今再說，秦以後中國學術仍繼續。所不同於戰國者，乃在學術本身亦自有一統一之要求。即秦始皇與李斯，有些措施，亦仍是站在學術立場。只是憑藉政權來統一學術，終不免有流弊。但亦不能專把「專制」兩字，來抹撥當時之實情。講歷史每每得加上一題目，而此題目卻甚要緊。下一標題，在涵義上可以大有出入。「焚書坑儒」四字，在近代社會已成爲秦代歷史上一大標題，秦始皇、李斯即無法洗脫其一切罪名。然若把秦始皇「廢封建、行郡縣」爲標題，則只能把焚書一項納入其中，而坑儒則與之無關。儻依當時史實，把「焚書」與「坑儒」兩事分別看，則所給後人印象便可大不同。總之，我們應詳知一事在當時歷史上之始末，源源本本，就事論事，不可憑時代私見，妄立標題，這樣便不致有大誤會。

六

我上面多把學術與政治參合講，這亦是當時歷史情實如此。諸位當知荀子、韓非之學術思想，到秦代並未中斷。只是在秦始皇、李斯手上，轉移到實際政治上來了。故秦代政治措施之背後，仍有一番學術思想。其廢封建、行郡縣，並非不是。但他們希慕古代，欲憑政權來統一學術，卻大大不是。

下到漢代，始是道地的平民政府。實際仍當稱爲不失一「士人政府」之傳統。時代已變，但先秦學術則仍未中斷，此待下講再說。總之，博士官之設立，此是秦代一重要措施，不能說其不是。又如秦代推行之「書同文」政策，此乃中國以後常保大一統局面要素之一，亦不能說其不是。我們評論古人，亦當平心立論。秦始皇統一天下後，在文字上、風俗上、學術上，皆想做一番統一工作，大體亦是一種歷史趨勢。歷史上經一段統一，久後又要分散，分散後又要統一。秦始皇所行，則只是當時歷史上之一時的趨勢所激成。只是秦始皇太自信了，太傲視一切，故他死後不久，秦政權便失敗。

第三講

一

我們前已講過，秦人之統一乃是歷史之必然趨勢。且其統一後之政治措施，也多能配合歷史潮流。但何以秦代會如此速亡？這似是一問題。

其實中國古代社會，分有貴族、平民，截然兩階級，這固可說是一封建社會，在封建社會裏，貴族世襲，諸侯各自爲國，成一分裂局面。但貴族諸侯與平民之間，尚有一「士」階層，此誠中華民族文化演進中一特有之現象。而且乃具甚深意義之一特殊現象。此一現象，乃爲世界上其他民族所未有，而惟我中華民族所特有。故中華民族乃可稱爲一「士中心」之民族，而中國社會亦可稱爲一「士中心」的社會。此事自古已然。下至戰國，貴族社會漸趨消滅，只剩下一個平民社會，而士則爲之中心。當時士階層許多學者即都由平民社會來。此後周天子、齊、魯諸國，一個個地崩潰了。秦之立國，雖有五、六百年以上的歷史，但畢竟同是一貴族傳統，依著歷史大潮流，也一樣要崩潰，不過它是最後一個而已。待漢高祖起來，平民政府才開始出現，而其最主要之中心，則仍爲一士階層。故秦代在歷史進展中，只是一過渡。以下才是正式的平民政府，實即是一士政府。這事尚在西方史上耶穌降生之前。這在世界歷史上，實足誇耀。

二

漢承秦末大亂之後，民力已竭，人心思靜，故其初年政治，多仍秦舊，專尚道家無爲，與民休息。此可舉一故事來講，曹參本只是秦時沛地一獄掾，後從漢高祖起兵，攻城略地，身被七十創，在漢初集團中，誠有了不得之大功。漢高祖即帝位，論功行賞，以參爲齊相國。漢初君臣，本未有一套遠大的政治理想，故又恢復了封建。齊有七十二城，蔚爲大國。曹參一旦以戰功貴爲相國，彼固不知政治爲何物。至臨淄，即盡召齊國長老諸先生，請問如何安集百姓。齊故諸儒以百數，言人人殊，參未知所定。後聞膠西有蓋公，厚幣聘之。蓋公爲言：「治道貴清靜，而民自定。」所謂「臥而治之」是也。蓋公殆是守道家言者。參頗以爲然。所謂臥而治之，亦是彼之所能。遂一意與民休息，無爲而治，相齊九年，齊國大安，時稱賢相。由此可知，漢初並非如一般人所想像社會上更無讀書人。雖在上之君臣多爲起於草野之武夫，然在下仍有大羣讀書人存在。

後來漢中央政府相國蕭何卒，以參代。高祖嘗封蕭何爲開國第一功臣。羣臣不服，以爲參功最多，宜居首。恐因此參與何有隙。然蕭何臨終時，惠帝親臨視疾，問誰可代？何力薦參。而參一聞何卒，即趣家人治行，不久果召參。

參爲相國，諸事無所變更，一遵何之約束，惟日夜飲酒，無所事事。參有子名窋，爲中大夫，侍帝左右。時惠帝怪相國不治事，以爲或因己年少，故輕之。乃召窋，使歸試問之，卻誡其不可直言由帝示意。窋以休沐歸家，從帝言諫參。參大怒，笞責之，曰：「天下事非汝所當言。」後帝知之，不悦。朝會時，詰讓參。參免冠謝曰：「陛下自察，聖武孰與高皇帝？」惠帝曰：「我何敢望先帝！」參又曰：「陛下觀參與蕭何孰賢？」曰：「似不及。」參乃勸惠帝遵守先帝、先相成規，垂拱而治。觀此事，參雖未讀書，無學問，然樸誠有大度，其氣量心胸殆不可及。彼相齊時，即未嘗以軍功自驕，而謙恭下士，能遍詢諸儒以治道。及繼何爲相，亦能仍守前態，謹行不改。即惠帝雖年輕，然虛衷謙退，仍能任用曹參，亦見偉大處。

莊、老所謂「無爲而治」，此只是一句話，須待有合適理想人始能見效。如曹參即是一極樸誠、老實、簡單、本色之人，十足代表了下層平民社會之最高美德。漢初無爲之治，看似平常，然細看當時人物，便知無爲而治，也須有此項理想人。所謂「道不虛行」，「苟非至德，至道不凝」也。

三

文帝爲惠帝異母兄弟。文帝母薄姓，出身微賤，母子都在災亂中長大。故文帝母子皆謹退自守，亦懂得莊、老哲學之深旨。文帝初立，聞河南守吳公治平爲天下第一，徵爲廷尉。時洛陽人賈誼年少，頗通諸家之書，在吳公門下，吳公薦之於帝，及召以爲博士，賈誼爲漢初一偉大學者，時年不過二十餘，曾師事張蒼。蒼於漢初，嘗任至御史大夫，通春秋。可知中國學術傳統在漢初並未中斷。

誼在朝，每詔令議下，諸老先生未能言，常盡爲之對，人人各如其意所欲出，文帝悅之。時誼上疏陳政事，是爲著名之治安策，以爲言者每謂今天下已安、已治，此皆非事實、知治亂之體者。誼之警言曰：今日之天下，猶如「抱火厝之積薪之下，而寢其上」。故謂今日乃有足以「痛哭、流涕、長太息者」若干事。此自是誼之深見卓識。然值其時天下安息，誼危言若此，亦見誼究是一青年人，在當時似嫌過火了些。

此疏分條陳政事，其中有一條係論如何教育太子者。太子乃未來之君主，不可不受教育。即如惠帝與文帝，幼時在宮中或外郡，亦均有師傅。文帝見此疏，大爲賞識，乃以誼爲長沙王太傅。誼渡湘水，作賦哀弔屈原。後歲餘，文帝思誼，徵之還。帝嘗一日召誼與論政事。並因感鬼神事，而問鬼神之本。誼具道所以然。至夜半，文帝不覺前席。既罷，帝歎曰：「吾久不見賈生，自以爲過之，今不及也。」乃拜誼爲梁懷王太傅。後梁王以出獵墜馬死，誼遂常懷鬱鬱，後歲餘，憂憤以終。

讀史首當懂得歷史上之人物，譬如曹參、賈誼等，要能想像得出彼爲一什麼樣底人。宋蘇東坡作賈誼論，謂誼年事太輕，當時元勳功臣俱在，文帝雖心重誼，但格於形勢，當然不能令誼驟掌國事。責誼不能自持重，以待他日之見用。而王荆公有七絕一首，亦論賈誼事，謂誼之死，乃因梁王墜馬夭折，誼自感未能盡師傅之責，心懷鬱悶而卒。以蘇、王兩家之批評相較，似荆公所見，更能得真。我們今日讀史欲瞭解古人，亦應知從前人之批評如何。從前人之眼光識見，亦有較今人高明處。參考前人說話，可增自己聰明。

我讀賈誼陳政事疏，自得一發明。在先秦時有諸子百家，爲何一入漢世，儒家獨見尊？我在賈誼此疏中，悟得此事，至少是此事中極關重要之一端。因百家中，惟儒家注重幼年人之教育問題。論語開卷即言：「學而時習之，不亦悅乎？」以此教年輕人最爲合適。老子開首云：「道可道，非常道；名可名，非常名。」莊子開首：「北冥有魚，其名爲鯤。」此等皆不宜把來教年輕人。他如申、韓之說，更與教育年輕人無關。秦始皇使趙高教授其少子胡亥，宜乎鑄成大錯。趙高是一法家，胡亥自幼習刑名，僅知何者當「劓」，何者當「黥」。少年受如此般的教育，將來如何能做一好皇帝？又如名家之「白馬非馬」，墨家之「摩頂放踵」，或縱橫家、陰陽家言，全都與教育年輕人無干。故在中國古代，惟儒家書適合作教育之用。西方有宗教，而中國無之。西方人帶孩童進教堂，令信仰上帝，然主要不過是死後事。中國儒家則是講孝悌，教人做人的道理，似乎更與教育有關。

四

賈誼治安策中所講如何教育太子一大問題，卻發生了大作用，至漢武帝時遂有「表章六經，罷黜百家」之舉。當時大儒董仲舒舉賢良，有天人對策見重於武帝。此對策共三篇，今均存錄於漢書。時武帝亦不過一二十左右之青年。現代人不讀書，卻肆言儒家因能幫助皇帝專制故得勢。然諸位試平心靜氣一讀史、漢記載，便知事實真相非如此。

文帝時有轅固生儒家，與黃生道家皆爲博士，二人嘗爭論於帝前。轅固生講湯、武乃革命，黃生不以爲然，謂：「冠雖弊，當在上；履雖新，當在下。」轅固生駁之曰：「若如此，則高祖代秦即皇帝位亦非邪？」帝乃解之曰：「食肉不食馬肝，不爲不知味。」把此問題擱置了。即就此一故事，亦見儒家思想並非真是合宜於專制。

漢武帝爲太子時，其師王臧乃儒家，武帝即受其影響，此是當時實情。而且孔子受時人尊敬，亦是很早已然之事。漢高祖於作戰時，路過曲阜，即嘗去祭祀孔廟。漢代諸帝皆以「孝」爲謚，亦見其受儒家影響。但此均在武帝前。文帝好道家言，但以賈生爲其二子之師。景帝好法家言，亦以王臧爲武帝師。只要教育權落在儒家手裏，儒家言自會勝利。

我們今日不讀書，妄加批評，說「漢武帝罷黜百家，表章六經，乃爲助其專制」。此套意見流傳社會，其害匪淺，甚至要高喊打倒孔家店。但孔子打倒了，又不信耶穌，如此則只有請馬克思來了。

青年教育是件極端重要的事。中國有一部論語，西方有一部聖經，都可作青年教育用。諸位儘重視科學，但愛因斯坦之相對論，並不宜用來教育一般人。馬克思之理論，也不適宜用來教育青年，所以共產主義到底要失敗。

綜上所述，可知孔子思想所以大興於漢代，實與賈誼建議重視太子教育一事有重大關係。

第四講

一

現在我們要講到漢武帝。秦始皇與漢武帝，實爲中國古代兩位大人物。在中國古代歷史上，劃時代之偉大時期有三：

第一、有郡縣的統一政府自秦代始。周代只是封建的統一，非真統一。

第二、中國首先有一個平民政府，自漢高祖始。

第三、引用讀書人來擔任政務的文治政府，自漢武帝始。

故自秦始皇到漢武帝一段時期，可說是中國歷史上一段突飛猛進的時期。這背後也有學術思想的力量在鼓動，卻不是盲目地就能如此的。

武帝即位後，董仲舒在天人對策中，提出了「復古更化」四個字。「更化」即是要變更秦代的一切，要重在歷史傳統中找新出路，即是當時之所謂「復古」了。漢初政治重尚道家，一意恭儉，無爲而治，與民休息，甚合開國時期所需要。但過一時後，國內安頓下來了，社會經濟復甦，民間財富日趨盈溢，問題逐步增添。到武帝時，漢興已七十年，面臨此一局面，試問應如何作對付？若只言「無爲」，出了問題，即只有依照秦代留下法律來處治。因此當時漢廷一切措施，漸漸走上外面是道家無爲，內裏實是秦人法治那一套。漢武帝即生此時代中。遠在賈誼陳治安策中已提出，關於政府的禮制，關於社會的風俗等問題，此皆極須注意者。即如宰相犯法下獄，賈誼意以爲，一國政治上之最高負責人，一旦因事受制於卑猥之獄吏，此乃一極難堪不適當之事。現代西方政治，認爲凡人在法律面前一律平等，此固有理。然論中國傳統，重在政教相配合，法律可以用來「治」，卻不能用來「教」。論「教化」便須重「禮」。賈誼此項意見，在當時實極重要。其論風俗，抨擊當時富商大賈競相侈靡，甚至民間有賣僮者，亦爲之繡衣絲履，較諸王室貴族尤爲奢麗。此一問題，亦在當時法律以外，並亦非專憑法律所能解決，於是又須提到儒家「禮」字。可知，專尚無爲與法治，在賈誼時已弊端百出了。下至董仲舒天人對策中，乃以爲秦人不及二十年而亡，而周代卻享國八百年，因此主張漢不應法秦。此語固有歷史根據。適武帝自以雄材大略，處於大有爲之世，欲建超古之偉業，乃加聽信，一意來復古更化。

二

仲舒雖只在漢朝當一王子太傅，未嘗任高官重位，然彼之建議卻一一得以實施。其間重要者，如立「五經博士」是。博士之由來，前已講過。秦博士職掌「通古今」，只要有一項專學即可。後於討論廢止封建時，乃將不達時務、專一主張復古之博士廢除。故秦時所立，實乃百家博士，都是戰國新興諸家，而把治古學的諸經博士都廢了。漢武帝立五經博士，廢百家博士與秦制正相對轉。

今且論百家言與五經之異同。當時人關於學術分野之觀念，當知與我們今日所想像者實有不同。如孟子、荀子屬儒家，此亦百家中之一家。漢文帝時仍有孟子博士，漢武帝時廢百家，便亦隨而廢了。其他如莊、老、申、韓皆如此。只有孔子，卻是中國古代學術史上一轉捩人。古代有「王官之學」與「百家之言」兩大分野，漢書藝文志即如此。周公制禮作樂，五經即西周治平之具，此所謂「王官學」。其後諸說紛陳，遂爲「百家言」。孔子尊崇周公，通古代經學，上接王官之學，下開百家之言，承先啟後，把古代的王官學傳播到民間，孔子乃其一重要過渡人物。孟、荀儒家亦通古代經學，然與孔子不同。周公是古代王官學之創始人，孔子則是古代王官學之整理人。

漢武帝立五經博士，盡廢百家，則儒家亦在所廢。漢人讀書，在十五歲前，開始第一部讀的是孝經，其次讀孔子論語，第三是爾雅，此乃一部字典，相傳係周公作，實不可靠。此三書爲當時之小學教科書。然後再讀五經。漢武帝立五經博士，只是重興古代的王官學，來代替後來社會新興的百家言。

當時之王官學與百家言，亦有一重大分別。大體說來，五經都講歷史，而百家言則只自陳己說，更不根據歷史了。如詩經，實是一部古代之歷史，其中記載有后稷、公劉、文、武、成、康，下及幽、厲諸王之事。又如尚書、春秋，其爲一部歷史書，更不用說。若讀老子，只見「道可道，非常道」一派理論，更不見歷史事實。莊子書中更無歷史，所有只是些寓言。惠施、公孫龍以至申不害、韓非子亦然。任何一家言皆如是，都在講思想，而非講歷史。

中國文化傳統注重人文，便亦注重歷史。歷史始有經驗根據。戰國與秦代，皆在亂世，不夠代表傳統。近人每以西方人觀念來講中國，殊不知在西方古代，如希臘、羅馬，本無一部正式的歷史記載。西方有歷史著作，乃是近代幾百年間事。只有中國史學在世界上，最發達、最完備。漢武帝當時既不能一切因秦之舊，便要復古，重新回到古代歷史，返本窮源。一切不依歷史，只依我一人自己意見，此是極權政治。人終不能自我作古，一切該有一來歷。西方人崇信基督教，只講天堂靈魂，不講地面肉體。耶穌曾自說過：「凱撒事歸凱撒管」，其意即是宗教信仰不問現世政治。但只靈魂上天國與否，其事卻由耶穌管。此所以成其爲宗教。因此亦使西方古代政治家們，在重大措施方面無所適從，只得盡由凱撒去管了。中國到漢代已有了二千年歷史，武帝不再依照秦人之舊，而要上追古代，主要自是周代。而看重了周公、孔子那一套王官之學，即五經。

在他亦自有一套想法。我們卻不能在快近兩千年後之今天，來妄肆批評，說其一意只想專制。讀史做學問，胸襟要廣，且須有真知識，能賦與古人以同情。所謂設身處地，知人論世，不是可以隨便憑我意見下判斷的。

百家言當然亦重在講政治，然所講都是一家之言。誰是誰非，誰得誰失，極難定。五經中多史事，卻能予人以一項知識，此乃歷史事實，客觀地存在，不容你全無所知。尤其中國人講政治，都要與教化問題相配合，周公之偉大處，承先啟後，正在此。武帝立五經博士，所謂復古，即是要人提倡歷史知識，尊重歷史傳統。知道了歷史，還可以各人有各人的意見，這便不是專制。

道家政治尚權術，法家政治尚刑賞。刑賞亦是一種權術，只是具體而微，形而下者。故老子實高於法家。但權術與刑賞，皆與教化不相干，在政治上，全屬一種手段，掌於上層人手裏。儒家重教化，其用意卻能下達於民衆。即以論語、老子，韓非子三書作一比較，論語中處處爲民衆說話，心胸自較廣大。中國人在二千五百年前，即懂得就人類全體來講政治，此實大可珍視。即在今日，孔子講政治的幾項大道理，仍極真確，仍有無可非議處。因孔子本歷史講，本全人類講，故疵病較少。

再換言之，「王官學」與「百家言」二大分野，前者存於政府，後者是春秋以後，中央衰微，流於社會。漢代至武帝時，國勢大盛。漢武帝是一青年皇帝，他內心不欽服百家言，轉羨古代西周全盛時期之王官學。此種分別，或有未盡妥當處。然若據此來作批評，尚較近情理。若定要說武帝乃藉孔子思想來推行專制，事實根據何在？但自清末民初以來，一般人全持此論。卻不知武帝自幼讀書，其師即是一講孔子儒家言者。青年人受老師影響，這不是一件較近情理，而且也可原恕的事嗎？我畢生治史，至少有一點貢獻，即不願不讀書來任憑己意妄肆批評。古人早已死去，又何法答辯呢？我只想依據歷史來講述當時真相。至於古人當時之是非得失，至少該先知歷史實情，才可再下判斷。

三

漢武帝立五經博士，其一切政治措施，亦總想依據五經。如張湯幼時，父爲長安丞。某日父外出，命湯守舍。及還，肉爲鼠盜，父怒，笞湯。湯捕得鼠及餘肉，劾鼠掠治，傳爰書，訊鞫論報。並取鼠與肉具獄，磔堂下。父見之，視文辭如老獄吏，乃大驚異，遂使書獄。後湯爲武帝之廷尉。武帝雖年輕，然其人極英武。湯嘗判一案，不愜帝意。命加修正，如是者三，掾史皆莫知所爲。時兒寬以從史在廷尉府，爲言其意，掾史因使寬爲奏。奏成。讀之皆服。以白湯，湯大驚。召寬與語，乃奇其材，以爲掾。上寬所作奏，即時得可。異日湯見，武帝問此奏誰爲之？湯言寬。帝曰：「吾固聞之久矣。」後拜寬爲御史大夫。寬治尚書，以郡國選詣博士，受業於孔安國，亦一儒家。當知判案必須有根據，若只言依法律，亦有事出法律之外者，試問將如何作斷？武帝亦力求判獄有根據，且帝力嚮文學，又心存好古。廷尉等乃上希武帝意旨，用博士弟子治春秋、尚書者，援引古義，以決大獄。此事亦見當時實情，卻不該一切只是說武帝專制。張湯是一個法學天才，但判人總不能如判鼠般。武帝至少比張湯要高百倍了。

又武帝晚年，衛太子嘗爲亂，死兵中，然民間仍盛傳太子仍在。後昭帝立，始元五年，有一男子至京師，自言爲衛太子。詔使公卿、將軍等共識視之。長安中吏民聚觀者數萬人，右將軍且勒兵闕下，以備非常。丞相、御史等至者，咸莫敢發言。京兆尹雋不疑後至，叱從吏收縛。時有人曰：「是非未可知，且安之。」雋不疑乃一治春秋之儒家，即引春秋所載，衛靈公太子蒯聵嘗違命奔晉。靈公卒，衛人立蒯聵子輒嗣位。後蒯聵欲求入衛，輒拒不納，而春秋是之，不疑據此答曰：「衛太子得罪先帝，亡不即死。今來自詣，此罪人也。」遂送詔獄，經鞫訊後，果是僞冒者。一時遂有大臣當用讀書人之說。

自此漢廷大臣，全出儒生。其所讀書，主要即爲五經。今尚有傳爲董仲舒所著春秋決獄一書。我們固可批評依據孔子春秋來判獄，此是一甚爲牽强之事。但在當時，不直率依照皇帝、公卿大臣之意來判獄，卻定要依據孔子所言，總還可知漢人之推崇周、孔，乃是鑒于政治上實有此種需要。故當時人遂有「孔子爲漢制法」的說話了。

四

漢自武帝時復根據董仲舒建議，爲博士立「弟子員」。「員」是定額義。初時有五十名，其後益多。博士猶如今日國立大學之講座，弟子員則是國立大學中受國家津貼之學生。經考試卒業後，得補郎吏。「郎」爲宮廷中侍衛，此職過去多爲貴族子弟之專任。「吏」乃返其家鄉任地方政府中之職員。自武帝後，郎吏皆改由大學生任之。大約至宣帝時，非讀書人即不能爲公卿或地方官員。漢人此一制度，可謂在世界歷史上亦僅中國先有。若言武帝存心專制，爲何定要定出此一制度，來約束自己不能隨意用人？故我說，漢代自武帝後，始有一「文治政府」，或說是「士人政府」。以下直至清代，凡屬政府用人，都必任士人，即讀書人，成爲一項定律。

近代西方首先學此制度者爲英國。其東印度公司首用此制，後經英政府正式採用，是即「文官考試」制度。不過僅爲中、下級官員，其最高級者，卻仍由政黨委派，不一定經考試。

凡做官者一定是讀書人，中國自武帝以來兩千年皆如此。今人乃云，中國今日之衰，正由於讀書人之從政。此不過專把責任推在歷史古人身上，卻不肯說我們自己不行。然讀了歷史，至少我們能平心立論，對歷史上古人多一些同情。對歷史上古人能有同情，自對同時代人也能有同情。現代人對歷史上古人全不有同情，只知肆意破口謾罵責備，宜乎對自己同時代人，也漸不知有同情了。

第五講

一

我們講歷史，最重要者，是要明其「變」。歷史上之各事件，本屬經常不斷在變。現代人不讀歷史，不了解歷史真相，卻每喜妄言：「中國二千年來是一封建社會，中國二千年來是一專制政府」，或：「漢武帝表章六經後，學術定於一尊。」凡此云云，皆非歷史情實。從來亦無二千年不變之歷史。若儘不變，也便沒有歷史了。如云「學術定於一尊」，則何以魏、晉後莊、老思想又盛行？而佛教又何以能進入中國？可知此等話皆無當史實。

漢武帝以後，即在經學方面，亦有很多很大的變。大概在武帝前，初講經學，都屬博通之才。此後則多爲專精之學。根據漢書藝文志所載，漢代人十五歲讀孝經、論語、爾雅，此三書爲幼學必讀之書。十五歲以後，即讀五經。漢代學者多來自田間，在農作中，一年可有三個月空暇，時人遂多藉此一農隙期讀書。依照藝文志所言，三冬可通一經。此事亦甚簡單，如詩經三百首，一日通一首，一月可通三十首，三月通九十首，如此三冬，即可讀畢全詩。易有六十四卦、三百八十四爻，一冬求通二十卦，三冬亦可全通。春秋共僅二百多年，一冬不用讀過一百年。他如尚書，篇數更少。如此讀法，三年通一經，十五年盡通五經，自非難事。斯時正值三十歲少壯時期，已可出來任事。

五經內容，若以現代語說之，易是哲學，禮是社會學，春秋是史學，尚書是政治學，詩經是文學。當時如通此五經，對人文學科各方面知識，已知得一大體。再配上實際事務經驗，宜可從政。故漢儒讀經，最先主「訓詁通大義」。漢時人讀秦以前幾百年前之書，已需訓詁。所謂「訓詁」，乃用今字釋古字，如：「而」、「汝」、「乃」、「爾」，爲一義。先通訓詁，其次求通大義。如論語鄉黨篇，甚難講釋，故求通大義，則此篇儘可不讀，只就能懂者，通其大義已足。

漢初人此一「通經致用」，務求造成通才的教育，實在當時發生了功效。但後來卻漸漸轉成爲「專精之學」。此因漢廷立博士，博士有弟子員，博士所學原本不止通一經，然所主講，則只一經。他經由他博士擔任。如是代代相承，訓詁之學愈講愈細密，循至逐章、逐句、逐字求解。繁文旁衍，不厭其詳，積久便自「訓詁之學」變而爲「章句之學」了。又因同是一經，而主講者亦不限於一人，講法每因人而異。惟博士弟子須經考試方能有出路，應考遂有「家法」。即考試時，先聲明所答係跟從那一家講法，遵守那一位先生之所說，使閱卷者，可以依其家法評斷。自承受學何家，此亦謂之「師傳」。故漢儒經學之所謂「家法」與「師傳」，論其實際，亦甚平常，只是當時諸博士、諸經師間之一些異說而已。

漢代初立五經博士時，其博士員數決不止五位，故一經同時可有兩人以上任講座。但他們雖同講一經，而說法卻有不同。最顯明之例，如當時講春秋，即有公羊、穀梁兩家之異說，後又增出左氏。講詩經亦有齊、魯、韓三家，後又有毛詩。此等雖講法不同，但所講同屬一經。這便在同一經中，逐漸表現出許多異說來。因此在漢宣帝時，嘗召集諸博士及在朝公卿大夫公議，此諸經諸異說中，何家可承認立博士，何家則否。最後之規定共得十四家，此乃經學史上一大問題。從此以後，此十四家博士之經文解說，乃日益冗碎，大家務求講貫精密，以防異家之非難攻駁。如尚書開首「曰若稽古」四字，其講義可衍長成三萬字之多。此猶如民國初年坊間所印小學教師所用之教學用書，開始一「人」字，依教學用書，便可講授幾個鐘點之久。如此教育，勢必誤盡聰明子弟。此種情形，其實漢博士之經學早已如此。直至東漢，此等經學講義之繁瑣，愈演愈甚，使人生厭。下到三國大亂後一掃而空。下及清代，一批批的漢學家，卻又想盡力輯求，恢復漢博士當時講法。那真是太平時代一種徒耗心力的玩藝兒罷了。

班固漢書儒林傳對此歎曰：「祿利之路然也。」這就是說：如此講經，除卻爲謀求祿利，別無其他意義了。然當時亦儘有人不甘於此者，彼輩情願隨意涉獵各家各派之說，以尋求各經之大義所在。於是經學遂分成今、古文兩派。「今文派」即是朝廷博士章句之學。「古文派」則流傳民間，不守家法，僅求通大義。

東漢末，出了一大師鄭玄。鄭氏乃山東人，游學四方，徧歷中國。他兼治今、古文，後以山東無足問者，乃西入秦，師事馬融。時融門徒四百餘人，得升堂進近者僅五十餘人。玄在門下三年，不得見融一面，僅從其高業弟子學。一日，融集諸高材生，考論天文圖緯，遇某一數學問題，師生均莫能解。玄善算，獲召見於樓上，解此算題，融始賞識之。因得提出其平素對經學中數疑義，問融畢，即日辭歸。馬融喟然謂其門人曰：「鄭生今去，吾道東矣！」

漢代之經學，開始是訓詁通大義，後乃演成家法專精之學，而益趨繁瑣。到東漢末，又轉成鄭玄那一套從章句煩瑣中重求貫通。此是兩漢博士經學演變之大致。

現在若要詳細講到漢代經學上之許多問題，則此事甚複雜，不能在此多講。此下只想提出一重要之點，略加分說。

二

漢代經學好講災異，此種講法，與過去孔、孟儒家不同，亦與將來後起之經學家所講又不同。因漢人最先很看重鄒衍，衍乃陰陽學派，喜講五行之學。所謂「五行」，本指天上金、木、水、火、土五行星。又將宇宙萬物，各分爲五行，各有其特性。或可解釋爲物體相異中五種不同之趨勢或傾向，如「火炎上」，「水潤下」之類。中國古人認爲宇宙一切物體，皆不出此五行。此套學說流傳社會，循至醫藥、星相都把五行學說來解說。

但漢人講五行之學，卻轉出一番極大理論，此即所謂「五德終始」說。他們認爲天上有青、黃、赤、白、黑五天帝，每一天帝代表一行。又把五行分屬四季與四方，如青爲春，屬木；赤爲夏，屬火；白爲秋，屬金；黑爲冬，屬水；黃爲中，屬土。於是五天帝配合著四時季節，而表現其特性。而國家之政令，則亦必配合於此四季之時令，如死囚行刑，限在冬末，開春則宜行賞等。小戴禮記中有月令一篇，即憑此理論而規定。五行有「五性」，亦稱「五德」，如春爲青帝，其德主生；夏德主長；秋德主收；冬季黑帝，則主殺。由於每一天帝僅留一季，如青帝僅主管了春季三個月，到夏季第四月，青帝即不再當令，須讓赤帝了。五帝各有其終始，於是據此轉過頭來講歷史，如夏、商、周、秦各代皆如天上有五帝般，亦各有其終始。換言之，即是每一王朝，必有其起訖，斷不能有一王朝，長此當令，永不退下。於是那一王朝該退，那一王朝該興，便發生了種種的推算法，經學家變成了預言家。他們說，上天藉「符瑞」或「災異」來昭示世人。受符命者，方可作新王，代前王朝而興起。漢高祖何以能直從一平民躍起爲天子？當時即把此理論來推斷。但五德終始又可分五行「相生」、「相剋」兩說，如秦爲水德，漢爲火德，即主相剋說。

下至漢武帝時，漢皇室正臻極盛時代，乃有人說，漢既膺天命，得爲新王，此刻應封禪祭天告成功。既接受了天命，自應對天有一交代。但漢武帝以後，一般的想法又不同了，他們說：「自古未有不亡之國。」漢代既有了成功，下面自該又有新王朝繼起。中國人至漢時，至少已將這一點歷史看通了，即一王朝終必衰歇，讓後起新王朝來另做一番，他們認爲此乃天意，無可違抗。而國運將終，當政者不能及早覺悟，上天必示警，此即是一種「災異」。災異既顯，此一王朝只有兩條路可走：一是禪讓，一是被革命。若舊王朝堅不肯讓，自然只有下面起來革命，則不如及早效法唐、虞之禪讓。漢宣帝以後，此種說法大行。當時許多儒生，皆認爲漢代不應繼續主政，該及早擇賢讓位。此等說法，雖像迷信，但其背後，實有一套大理論。實仍來自歷史與儒家之正統。不該因其羼進了五行說，而全部抹煞之。

諸位或許會發生疑問：當時人既知如此，何不趁早學習如近代西方之民主選舉法？若要解答此問題，還應自中國與西方歷史之異同中求答案。這正如諸位讀了漢武帝遠從西域求天馬作遠征匈奴準備，而責怪他何不早發明坦克車一樣。此等意見，實是拋棄了歷史來加討論，這是最不應該的。諸位細讀史記、漢書，詳知當時史實，自會對當時經學家那套「五德終始」說，也發生一番欣賞與同情。

因暢行了五德終始說，而產生了此下王莽代漢之事，此亦並非如後世所言之所謂「篡」。

「篡」是不道德的，接受讓位與篡不同。如青帝必然該讓位於赤帝，赤帝接著青帝來執行天運，這其間並無好壞可言，只是理勢宜然。若我們要說儒家思想便於專制，就歷史情實論，也決非如此簡單。即如孔子思想都存在於論語中，亦不可說其爲專制政治推波助瀾，或獎進專制。諸位或要說：漢儒之五德終始說，畢竟是不科學的。但諸位偏讀世界史，即如西方人所艷稱之希臘與羅馬，究竟當時又有幾許是合乎現代科學的？現代科學誠然可爲我們目前創造福利，但並不是發明了現代科學專供我們作評判以前歷史的一切標準。又有人說：王莽篡漢，所根據的只是古文經學家之僞說。其實五德終始乃今文學家言。我在劉向歆父子年譜一書中，已將當時思想上和實際政治上種種真相實況都扼要地分析列舉了，可用來作參考。

三

講五德終始同時，又有「通三統」之說。如春秋開首「春王正月」，何以正月上要加一「王」字？據公羊家說法，此是孔子大一統之義。所謂「大一統」，是說政治該以一統爲大。但孔子雖看重一統，卻不說只許有一個統，乃有所謂「三統」之說。「三統」無異是說「多統」，故漢儒劉向說：「王者不可不通三統，明天命所授者博，非一姓也。」從歷史經驗言，天意決不專命一姓爲王。在同一時期，政府雖只能有一個，然在長期中，勢必有異姓易代之事。讀春秋通三統之義，便知不能只尊著漢代一統，謂可天長地久，永不下臺。此種理論，在漢儒中如董仲舒、劉向，皆如此講，此乃當時漢儒之通義。

上述「三統」、「五德」之說，終於把西漢逼亡了。下及東漢，光武帝起，乃把此等說法漸漸禁止，不讓再講。但後來曹操、司馬懿篡位，卻仍是假借五德終始說。因曹氏與司馬氏兩家，政治道德太不夠格了，此儒家乃再不提五德、三統的舊說。但王莽爲人，實不失一學者型。他在當時，實受大批學者擁戴，確是一種思想運動助成了他，不能與曹操、司馬懿相提並論。

若我們把漢儒經學思想澄汰其污垢雜說，專從大道方面言，則大體可謂仍是上承孔、孟，直接儒家傳統而來。只不能如孔、孟之簡直、痛快、明白、乾淨，其中多摻雜了些別的成分，不免橫添了許多疵纇。但亦僅是如此而止，我們也不該專從那些疵纇處來過分作苛評。好在歷史上有兩漢長時期的治平成績，來代他們作辯護。

至於中國最高政治元首，家世承襲，與西方之分黨相爭，其間亦各有利弊得失。斷不能謂西方全是，中國全非，此則亦可明白斷定者。

第六講

一

我們在前面已講過，漢儒所尚「通經致用」之經學，主要皆求運用於實際政治。而漢代政治在中國歷史上，亦有其極偉大之成績。但若就思想言，則在中國思想史上，漢代亦極少卓越出衆之大思想家繼續出現。後來清人研究漢學，專在書本上作校勘、訓詁、考據工夫，既非漢儒經學，亦非漢代史學。他們固爲讀古人書開出了一些方便，但並未能明白講出漢代學術之真精神、真意義。下至清末，康有爲根據公羊傳統，特別推重董仲舒之春秋繁露。實則董仲舒之主要思想，已見諸其天人對策中，而康氏並未能加以深透之發揮。同時章太炎站在印度佛家立場，特別看重東漢王充論衡。若我們依照西方眼光看，王充不失爲一能懷疑、能批評的思想家，但在積極正面立場，實亦並無甚高價值，只在當時總算是表現了一新姿態。

二

今天我要約略講一部將兩漢學術思想開闢到另一新方向之書，此即劉卲之人物志。此書僅有兩卷，十二篇。劉卲之時代雖已下至三國，但我想不妨姑引此書來作本講演之結束。此書以前向少人注意，直至最近，始有人提及。我們一看其書名，即知此書是專討論人物的。我在開始，即講到中國文化傳統特別注重於「人文主義」，因此也特別著重講「人物」。如在論語中即曾批評到自堯、舜以下，直到孔子當時之各類人物。孟子書亦然。中國人一向重視對人物之批評，此乃中國思想一特點。

政治教化皆需要人。在漢代，政府用人必以士人爲條件。讀書爲士，必以通經爲條件。非讀書通經爲士，即不得從政。此在孔、孟當時，可謂僅存有此一理想。而到漢代，卻已真在政治制度上實現了。「政教合一」，政治上之人物即是學術上之人物，此項制度，可謂是根據了經學中之最高理論而來。遂使中國成爲一「士中心」之文化傳統。但後來漢代衰亂，終至不可收拾。此中原因何在？豈不深值時人猛省？我們曾說過：在漢代開始講黃、老無爲，但亦須有理想的適合人來推行，不是隨便講黃、老學的人都能勝任愉快。漢代爲何到東漢末年，產生了黃巾、董卓之亂，終於三國分裂？不容得當時人不覺悟到，在政治上之失敗，其理由即因於政治上用人之不夠理想。故退一步要從人物方面作研究，庶可希望在政治上能用到合理想、合條件之人。此亦可謂是一個反本窮源的想法。劉卲人物志即爲根據此一時代要求而寫出。

人物志「物」字是品類之義，將人來分成為許多品類，遂稱之為「人物」。似乎西方人不大注意到這處。他們不言「人品」，常言「職業」或「知識」。如說：某人是一宗教家、或醫生、或律師、或某專門學者，這些都從外面職業講。中國人聖賢，卻重在從人之內面講。此一態度，中西顯然不同。中國人向來看重人的道德、性情，如論語中講「仁」、講「孝」、講「聖、賢」、講「君子、小人」，此等皆是人品上道德上字眼。漢人最講求道德，一般說來，實比戰國時代進步多了。及漢代中央政府崩潰後，曹操卻提出了一句新鮮口號，他說：「治天下，平時尚德行，有事尚功能。」他把「功能」看重在「德行」之上。若論曹孟德自己，就其政治道德論，實在太差了。然其人甚能幹，正是「亂世之奸雄」。在此一風氣下，更激起有思想者之鄭重注意，於是方有劉邵人物志此書之出現。

三

孟子曾云：「窮則獨善其身，達則兼善天下。」孔子亦曾說過：「道不行，乘桴浮於海。」或說：「用之則行，舍之則藏。」從個人立場講，當世界陷於絕望時，只有退避一旁，採明哲保身之一途。但自另一方面講，世道否塞，終需要物色人才來扭轉此局面。劉邵寫人物志，並非站在私人立場著想，而是站在大羣立場、政府立場著想。他的意態是積極的，因此他衡評人物，一講德性，一重才能，務求二者兼顧。換言之，衡評人物，不能不顧到其對當時人羣所能貢獻之功利一方面。若要顧到人羣功利，即需講才智。若無才智，如何能在此社會上爲人羣建立起功利？故劉卲人物志極重人之才智，但也並未放棄道德，而他書裏也並未提及隱淪之一流，這是此書一特點。

人之才智何由來？劉卲以爲人之才智乃來自自然，此即所謂人「性」。孟子亦是本才以論性。當三國時，「才性」問題成爲一大家愛討論的問題。因在東漢時，社會極重「名教」。當時選舉孝廉，固是一種德行，但亦成了一種「名色」。當時人注重道德，教人定要作成這樣名色的人，教人應立身於此名色上而再不動搖，如此則成爲「名節」了。惟如此推演，德行轉成從外面講。人之道德，受德目之規定，從「性」講成了「行」，漸漸昧失了道德之內在本原。現在世局大壞，人們覺得專講儒家思想似乎已不夠，於是時人又要將道家思想摻入，再回到講自然，認爲人之才能應是來自自然者。但一講到自然，又會牽連講到鄒衍一派陰陽家之說。在先秦以前，各家思想本可分別來講。但漢以下，各家思想已漸匯通，不能再如先秦般嚴格作分別，這亦是我們應該注意的。當時人把自然分成爲金、木、水、火、土五行，於是人性亦分別屬之於五行。即如近代命相之說，也仍把人分「金性」、「木性」等。當時人把儒家所講仁、義、禮、智、信編配入五行，變成了「五性」。那一性的人，其所長在何處，如「木性近仁」，「金性近義」等。直到宋代理學家們，也還作如此分別。

但劉卲人物志並不看重那些舊德目，他書中提出了許多新意見。他說人才大概可分爲兩等：一是「偏至之材」，此乃於一方面有專長者，如今稱科學家、藝術家等，在劉卲說來，應都屬此偏至之一類。第二是「兼材」，即其材不偏於一方面而能有兼長者。依近代人觀念，其人若是一文學家，怎會又是一科學家？若定要同時兼長科學、文學，豈不甚難？然此等本屬西方人分法，側重職業與知識來分別人物。中國人則不如此看人，人品不以知識、職業作分別。今天的我們都已接受了西方人說法，多將人分屬於某項知識、某項職業之下，故對劉卲所提兼材一項，驟難瞭解。

我們試再就此講下。劉卲在人物志中將人分成爲十二「流」。中國人所謂「流品」，亦即是品類之義。此十二流乃依其人之性格言，人之「才」則皆自其「性」來。如有人喜講法律，有人喜臧否人物，有人能文善辭，此皆所謂才性不同。劉卲所分十二類中之第一類，稱爲「清節家」。他說如吳季札、齊晏嬰等是。因此類人稟此性，便只宜做此類事，即其才之專長亦在此。其第二類稱「法家」。此非指先秦諸子中法家學派言，法家學派指的是一套思想，而劉卲所指則是某一類人之性格。如管仲、商鞅等，此一類人，性喜講法律制度，因此其才亦於此方面見長。其第三類稱爲「術家」。如范蠡、張良等是。因於人性不同，而其所表現之才能亦不同。如管仲、商鞅，他們每能建立一套制度或法律，然若遇需要權術應變之處，即見他們之才短。

前三類皆是所謂偏至之材。但亦有兼材，即指其人不止在某一類事上有用，而其才可多方面使用者。劉卲言：「如此之人，即具兼材之人，乃可謂之德。」依照劉卲如此說來，「德」自在「才」之上。但其所用「德」字之涵義，顯與指仁、義、禮、智爲德者有辨。劉卲又謂：「若其人又能兼德，此種人則可謂之聖人。」故劉卲心中之「聖人」，應是一「全人」，即「全才」之人，至少應是一「多才」之人。劉氏主張在偏至之才之上，更應注重兼材，此種人始是有德。如曹操不可託以幼主，而諸葛孔明則可以幼主相託。此因諸葛孔明兼有清節之才，而曹操不能兼。若照我們普通說法，只說曹操無道德。若依劉氏講法，即論其人有無此類之材，或說是否具有此一方面之性格。此乃劉卲思想之獨特處。

劉卲又謂：若「兼德而至，謂之中庸。」劉卲此處所謂之「中庸」，亦不同於儒家所謂之中庸。劉卲之所謂中庸者，實是「兼備衆才」，使人不能以一才目之，甚至不能以兼才目之。因此劉卲將人物分爲三類：即「聖人」、「德行」與「偏材」。「中庸」則是聖人。下有「依似」，此乃勉强學之於人，而並非出自其人之本性者。此下又有「間雜」與「無恆」。如其人今日如此，明日又不如此，便是間雜、無恆。「依似」與「無恆」，皆不從其人之本性來，只是從外面强學，故有此弊。蓋因東漢人重名教，人漸向外效慕，劉氏特加矯正。然劉氏仍將「德行」置於

「才智」之上。他的意見，德行應由內發，而仍必兼有才智。謂其本原乃出於人之天性，因此主張要「觀人察質」。他意謂：要觀察一個人，必注重觀察其性格。此處「察質」之「質」字，其涵義猶不止是「性質」義，且兼有「體質」義。直至今日論人，猶有相骨、相面之說，此即觀人之體質。其人或厚重、或輕薄、或謹慎、或粗疏，皆從其人之體質與性質來。此種意見，實亦流傳迄今，仍為一般人所信奉，故我們對劉邵之說該注意。

四

但觀人察質更有一重要處。劉邵說：看人「必先察其平淡，而後求其聰明」。此兩語實有深意。若論聖人，本即是一聰明人，目能視，耳能聽，所視、所聽又能深入玄微，這便是其人之「聰明」。又如同讀一書，各人所得不同，此即其人之聰明不同。聖人便是聰明之尤者。但在看一人之聰明之外，更應察其性格之能「平淡」與否。此語中極涵深義。從前儒家多講仁、義、禮、智、信，漸漸把美德講成了名色。至劉邵時便不再講此，卻轉移重點，來講人之性格與其用處。人之性格與其用處之最高者，劉邵謂是「平淡」一格。此如一杯清水，乃是淡的。惟其是淡，始可隨宜使其變化，或為鹹、或為甜。人之成才而不能變，即成一偏至之材，其用即有限。故注意人才而求其有大用，則務先自其天性平淡處去察看。

所謂「平淡」，應可有兩種講法：一指其人之內心來講，即其人之所好、所願望。如人都喜歡在某一方面欲有所表現，此人即是不平淡。以其不平淡，因而亦只能依其所好、所想望，而成一偏至之材。又如人好走偏鋒，急功近利，愛出鋒頭，此等皆是不平淡。大聖如孔子，始是一真平淡者。惟其平淡，故可大受，而當大任。如孔子之「毋意、毋必、毋固、毋我」，及其「無可、無不可」，此即孔子之平淡。劉邵說：「中庸之德，其質無名。」此即或人批評孔子所謂「博學而無所成名」。亦可說平淡即是不好名，不求人知。劉邵此番理論，正是針對東漢人風氣，亦可謂其乃來自道家。如老子說：「名可名，非常名。」人若成爲一個「名色」，其人亦即只可有一種用，不能再作他用。此即違背了劉邵所謂「中庸之德」。故劉邵意乃謂：「人之至者，須能變化無方，以達爲節。」此所謂「達」，即是達成我們之所希望與其目標。我們之目標與希望，惟有其人性格到一平淡境界時，始可達到。蓋平淡之人，始能不拘一格，因應變化，故能達成其任務。劉邵所用「平淡」二字，明是莊、老思想。但其用「中庸」二字，則自儒家來。劉邵將此儒、道二家思想配合而自創一新說，此在漢儒甚少見，故其書乃近先秦諸子。

五

以上講聖人，乃承傳統觀念來。三國乃亂世，一般人又多喜歡講「英雄」。曹操嘗語劉備：

「今天下英雄，惟使君與操耳」即時人尚英雄之證。據劉邵人物志意見：「英」乃指其人之「聰明」言，「雄」乃指其人之「膽力」言。如張良，柔弱似婦人女子，乃「英而不雄」。韓信則是「雄而不英」。然英才之人不能使用雄才，雄才之人亦不能使用英才。必其人聰明、膽力相兼，方可謂之「英雄」。若不得已而必須分別論之，則英才較雄才爲高。然必兼英與雄者，始可用天下英雄之才，而得建成大業。

六

劉邵又從功利觀點來講人之德性，謂最可寶貴者，應在「愛」與「敬」兩項。因凡人皆喜歡得他人之愛與敬，故此二者，乃人最高之道德性格。任何人能愛敬人，則能動獲人心，道無不通，如此自然所遇無不順利。故劉邵講道德，主要乃兼功利觀點講。他說，如「仁」字，在單獨講時是好的，但合起來講，則仁不如「明」。若其不明，而僅有仁，則成「無明」。此說實亦有理。故孔子講「仁」，必加上一「智」字。後人太偏講道德，失卻孔子「仁智」兼重之義。仁、智必相兼，聰明與平淡二者亦必相兼，此皆劉邵論人物之重要點。

再說「平淡」二字。平者如置放任何一物，放平處便可安，放不平處則不易得安。淡則能放進任何物，而使其發生變化，不致拘縛在一定格上。總之，平淡性格可使人之潛在性能，獲得更多之發現與成就。劉氏因此又說「學」雖可使人成「材」，然成於此，即失於彼。此顯然是道家義。劉氏又頗看不起「恕」字，彼意若其人自己心上有了毛病，則如何能「推己及人」？故說：「學不入道」，又說：「恕不周物」。這是他對儒家義之修正，亦可謂道人所未道。

七

劉邵人物志一書其中所涵思想，兼有儒、道、名、法諸家，把來會通，用以批評觀察人物。依劉邵之理論，可把道德、仁義、才能、功利諸觀點都會通了，用來物色人材以爲世用。此種講法，與宋、明儒所講德性之學，只注重在個人內部之正心、誠意方面者，並不全相同。所惜是後人没有將劉邵此一套學問更向前推進。在劉邵思想本身，自然也有缺點。一是劉邵只注意觀察人物，卻不注意在各人之修養工夫上。二是劉邵所講專注意在政治場合之實用上。他的眼光，已陷於一偏。這正可證明，劉邵還是兩漢以來單注意政治實用一方面的思想傳統，故我把他此書作我這演講之結束。

我自己很喜愛劉邵此書，認爲他提出「平淡」二字，其中即有甚深境界與工夫。在我年輕時讀人物志，至「觀人察質，必先察其平淡，而後求其聰明」一語，即深愛之，反覆玩誦不忍釋。至今還時時玩味此語，彌感其意味無窮。故今天趁此機會，特地提出來介紹給諸位。

明清學術思想

第一講

一

此次所講是「明清思想」。歷史分期是參差不齊的。若講政治史或藝術史，明、清兩代合適放在一起。若講思想史，則明、清是兩個時期。應該宋、明是一時期，清代又是一時期。上次我們講至宋代，未講明代，現在接講明代思想。

明人思想可說是完全跟著宋人而來。我們將宋、明兩代之思想主流，合稱爲「宋明理學」，近人又叫做「宋明新儒學」。清代一般學者皆稱此時期爲「宋學」，這是包括明代在內的。但現代人爲何稱它做「新儒學」？此一「新儒學」與原來「儒學」不同又在何處？我們可說，最重要之點，即新儒學深深受有佛學之影響。我們可約舉其最大不同點：在唐以前，中國人看重讀五經，宋以後才有編撰四書。四書本亦在古代，然而在以前，人們只讀五經，國家考試也考五經。宋人開始提倡四書，於是明以後考試即以四書爲主，四書之地位遂較五經更爲重要，成爲人人必讀之書。自重五經轉而爲重四書，此中有一大問題。宋以前人常講「周、孔」，宋以後人轉講「孔、孟」。我們可說，周、孔連講，是政治的意義大於教育的意義。孔、孟合稱，則教育的意義重於政治的意義。這猶如漢人講「黃、老」，魏晉人轉講「老、莊」。前者重政治意味，而後者則重思想意味。

四書是論語、孟子添上大學、中庸，共四部書，朱子爲論、孟作集註，學、庸作章句。朱子是宋學中「集大成」之中心人物。就儒學大義言，四書遠較五經簡要。四書中最簡要之總提綱是大學，成爲宋以後人人必讀之第一部書。大學中有「三綱領」、「八條目」。三綱領是：「明明德，在親民，在止於至善。」八條目是：「格物、致知、誠意、正心、修身、齊家、治國、平天下。」中國儒家學業，主要對象即在此。然即就大學本書此八條目講，可見大學之最高理想在治國、平天下。我們可說，此乃秦以前儒家之共同思想都注意在社會人羣的實際事業上，而宋以後人之主要問題似不在此。宋、明儒喜講「天人合一」之學，要「存天理，去人欲」，最後進至「天人合一」之境界。若依現代西方哲學觀點來講，這是「宇宙論」和「人生論」之合一，而似乎脫離了人羣實際事業，至少是放鬆了治國、平天下的大目標。宋、明人似乎只注重孟子「人皆可以爲堯、舜」的一句話，講求我們如何做聖人。因此我們可以說，先秦儒家是「淑世之學」，而宋、明人則是「自淑之學」。二者本屬一貫，惟其精神側重點有不同。故說「程、朱不是孔門之學」，此話必錯。然若謂「程、朱即是孔門之學」，如此講亦嫌粗略。

自宋迄明，個人觀點逐步被看重。人人講求如何做聖人，好像修、齊、治、平，也只是要做聖人。此即可證其受了佛家影響。佛家所講在求如何成佛，宋人則轉而講如何做聖，所不同者，一是「出世」的，一是「在世」的而已。此等宋學精神與古代先秦之學之大不同處，晚明以下反宋學者，即已如此講了。

二

現在接講明儒之學。

自朱子提出四書大學中之三大綱領、八條目後，當時即有一反對朱子者出。大凡思想至一圓滿成熟階段，常會有此現象。當時反對朱子者爲陸象山。今天講明儒之學，從王陽明講起。陽明推尊陸象山，猶似朱子之推尊二程。故講宋、明理學者，每稱「程朱、陸王」，認爲是宋、明理學中兩大派。簡言之，又稱「朱、陸異同」。將象山之學發揮至最高點者，爲王陽明。普通謂陽明所講，爲「良知」之學。實際程、朱較看重人生知識方面，陸、王較看重人生行爲方面。宋、明理學之中心問題，既是我們如何去做一聖人，其趨勢必然力求簡單。換言之，即修、齊、治、平皆做到，其人仍未必能是一聖人。聖人主要在「天人合一」，因此必要懂得「天理」，合乎「天理」。此「天理」即是宇宙人生中最高之理。程、朱一派重在此。但陸、王則謂格物窮理，近乎支離，聖人道理應是簡易的，重行而不重知。知、行本是分不開的，不過我們仍不妨自其偏重處講去。

陽明之學，首要注重其人生之實際經驗。我們當自其生活實際經歷來探求其學說，若僅從字句上探求，這已隔了一層，不得謂是王學之究竟處。故研究王學，首應看陽明年譜。這是陽明先生卒後，由其兩個重要弟子所寫。今天我們來講陽明之學，亦應講其學何所來。

講陽明之學，須單刀直入，從其生平親身經歷來講。陽明是浙江餘姚人，出身世家。其父爲狀元，曾任吏部尚書。陽明幼年入塾讀書，嘗問塾師：「何謂第一等人？」師答以：「中狀元爲宰相是第一等人。」陽明不以爲然，謂：「當以能做聖人方是第一等人。」此見陽明幼年志向已如此。陽明有多方面興趣，喜軍事，亦喜辭章，惟立志要做一聖人。

大學中有朱子所補格物傳，謂：「是以大學始而教，必使學者即凡天下之物，莫不因其已知之理而益窮之，以求至乎其極。至於用力之久，而一旦豁然貫通。」朱子說「格物」可以「即凡天下之物而格」。陽明既有志做聖人，遂有志依朱子說法去格物。陽明在二十一歲時，與一友人依朱子大學格物補傳所述來試格庭前竹子。格了七天，未有所得，而且病了。其實朱子言格物，乃貴「因其已知之理而益窮之」。今於庭前竹子非先有已知之理，何得憑空去格。故有志爲聖人，縱有聰明精力，仍需有軌道方法。陽明既格竹子無成，乃又轉而治辭章。不久，又轉談養生。他曾在浙江陽明洞中習靜坐，要坐到心無一念。當時陽明在靜坐中，已能預知外面有客來訪。但他常有兩念放不下，一是念他祖母，一是念他父親。他以爲此兩念不去，則靜坐養生工夫終不到家。但一天，陽明忽然明悟，此兩念乃與生俱來，不可去。如真去此兩念，即已不成了我。陽明乃決意放棄靜坐，仍回家去。

此下再出做官，以忤權閹劉瑾，被貶至貴州龍場驛。爲防劉瑾遣人行刺，於渡錢塘時，僞置衣履江畔以避。

龍場地方荒僻，居民多夷人，氣候復多瘴癘，且又懼仇閹派人來行刺。陽明此時可說一切世念盡消，惟懼病、死而已。乃停石棺於屋，藉以安靜內心。可是他的從僕們卻無此修養，終於都病倒了。陽明反要親自煮粥服侍，又唱越地俚歌以娛之。此時陽明自思：倘使聖人今日來做我，如我處境，又應如何做法？思此甚久，忽一夜頓然徹悟，懽躍而起，從者皆驚。陽明當時心中深信，若聖人來處此境，也只得如此生活。於是遂發明了他以後的「良知」之學。

三

觀上述，可知要研究陽明學，非自其實際生活入門，即不得其真血脈所在。

陽明三十八歲在貴陽，開始講「知行合一」。此四字，即是講「良知」，良知乃天所予。宋人認爲做聖人要識「天理」，然天理應自何處尋？朱子以爲應自「格物」來「窮理」。象山認此爲支離，而謂「吾心即天理」。至陽明遂提出「良知」二字。謂天理即自吾心之良知出。陽明教人第一步應習靜坐，靜坐後可「自悟性體」。心究是什麼？我們總應自知。今人多競趨外，不見自心。靜坐後可隔絕外物，直見己心，而到達一心平氣和，通體舒暢之境界。自己要悟自己之性體，要「廓清心體，使纖翳不留」，如此真性始見，方能致良知。即如陽明在以前習靜坐至純無雜念時，而仍有一思親之念，當知此一念，即是人之真性。儒、佛之不同處，亦於此見。

所謂「廓清心體」即是要將心中「人欲」一一滌蕩、掃除，使更無染著、無偏倚。能如是，方可見「天理」。

可知陽明所講之良知，實是一種心理學。近代西方心理學有兩大發現：一是奧人佛洛伊特，講精神分析與人之潛意識。一是俄人巴甫洛夫，講制約反應。人心一切反應，皆可由外加以控制。今日共黨之恐怖政策，正是利用人類心理之此一弱點。此近代西方兩派心理學說，以中國語來說之：即是人心有「不自知」與「不自主」。「潛意識」是不自知，「制約反應」是不自主。此二者乃是近代西方心理學家於人生中所發現之兩大祕密。然而中國儒、佛二家，如唐代之禪宗，與宋、明之理學，則早已超越此所講，他們正在講求如何「自知」、「自主」。人心能自知、自主，即是陽明先生所講之「知行合一」。能達到知行合一境界，即可成聖人。

我們自生入社會後，此心每於不自知中作出不自主的事，此不得謂是「真我」。陽明之學，經過近代西方兩大派新心理學之印證後，我們正可見其所講之博大精深，而確自人生真實經驗中悟來。今日因時間關係，暫講至此處。

第二講

一

陽明三十八歲時講「知行合一」，以靜坐清除雜念，作爲悟入之功。到他四十三歲時，在南京見學者治學往往流入空虛脫落，遂又轉教人「省察克治」。意謂每做一事，必當省察自我過失，此亦即是他所謂「搜捕盜賊」、「掃除廓清」之意。他認爲人能修養到心中「無私可克」，才算到達人生最高境界。其實陽明此種修養工夫，與宋代理學家所講依然甚相接近。宋人常講「靜存動察」、「存天理去人欲」、「變化氣質」等，皆與陽明教法相通。

陽明自四十六歲後，替國家立了許多奇功偉績，尤其是討平宸濠之變一役，更是他一生最大功業。但不意朝中一輩讒臣，竟誣他意欲造反，險遭不測。此乃陽明自龍場驛以後之第二番折磨。只有動心忍性，在內心深處，又增長了無窮的契悟。於是在他五十歲後，便悟出「致良知」之教。

「致」，如把一件東西由這裏送到那裏。「致良知」，即是把自己良知傳送到身外的對象去。例如兒子把自己的孝心用到父親身上，這就是致良知了。陽明自謂在南京以前，尚有一點「鄉愿」的意思，到現今才了解到自己的良知，真是決定一切是非的大本大原，更不須顧及外邊的非議了。

但我們當知，陽明所稱的良知，實非「現成良知」，而係從千死萬難中得來。故我們要真瞭解陽明良知之學，便該從他的一生行為中來了解。

二

我們研求每一個思想家之思想，尤須注意其晚年。陽明只活到五十七歲，在他五十三歲時，他又從浙江去江西，臨行前，曾與學生有過一段「天泉橋夜話」。這一夜，他向他的學生們說出了他有名的所謂「四句教」。又在陽明五十四歲時，在他答顧東橋書中提出所謂「拔本塞源論」。在他五十六歲時，又曾寫過大學問一書以示門人。這可算是陽明的晚年思想，其中尤以拔本塞源論這一番話為最重要。今先談陽明的拔本塞源論。

孔、孟之教，本以大學所說的由修身、齊家、到治國、平天下，為人生最高理想。要能夠做到治國、天平下，才能算是聖人之道行於天下。但事實上怎能每人都來治國、平天下?治國、平天下必須要有機會，而這個機會又不是每人可得。以前孔、孟都未得到這機會，所以這個淑世、救世的理想，雖然可貴，可是卻不易見之實行。

佛教跑入中國，人生理想改變，一般認爲世間終是不可救，因此主張出世，每個人只救他自己便夠。

到宋朝理學家出，他們的思想與佛教相反。他們反對出世，他們的人生理想就是要跑進社會，每個人要修養成爲一聖人。他們認爲縱使世間壞到不可收拾，也不會妨礙一個人成爲聖人的。所以宋人說佛學家只是「自了漢」，而要講一套「成己之學」，重心在要使每一個人都可成爲一聖人。

明朝王陽明出，在他的拔本塞源論中，亦認爲人生之理想，還是要在社會上做一個聖人。人在社會上做一聖人，有兩種做法。

一種是治國平天下的聖人。如以功利思想來衡量一個人的價值，則其人能夠治國、平天下，他便是聖人。也可說是「內聖外王」。但這種聖人，只能由少數人去做，其他的平民無法企及，陽明並不重視這一種。

另一種聖人，是不賴外在功利成就，而依內在德性修養而成的。這種聖人，陽明特別重視。他提出一句話：「聖人之心，必須以天地萬物爲一體。」這話有些近似佛家之「無我」。陽明認爲「有我」則在情感上有所「私」，在知識上有所「蔽」。人之良知，必須做到天地萬物一體之境界，才能無所私、蔽。

陽明又謂普通人之所謂「德性」，實可分為「德」與「能」兩面。他認為人之良知相同，但才能不必相同。他還在此文中舉出堯、舜時代為例：如禹治水，他可說是一個水利工程師，亦即是一個科學家。后稷教稼，亦可說是一農業家。契相當於今日之教育部長。夔治音樂，是一藝術家。皋陶是一法律家。他們的才能各有所長，各有所偏，須要他們能工作在一起，才能治國、平天下。他們各人都没有私、蔽，同心一德，和衷共濟。這種結果。必能打破功利思想而始有。如果以功利思想來看，則官階最高的那一個才是第一等人，其他人只能依其官階而遞減。這因功利主義看人，乃依其人外面成就之效果大小而來決定其價值之高下。但陽明認為這種思想要不得，他認為人之「能」有大小，「位」有高下，但「德」卻是一樣的。例如在軍事上，大將軍的能與位都是高過小兵，但在德上，卻可以是一樣的，因為大家的心都是為國效忠。又如奏樂隊，各人所奏的樂器不同，但他們各人心中都是為一個曲子而奏的。又如下象棋，每隻棋子的能、位都不相同，車是縱橫走的，馬是斜走的……但每隻棋子都要為保護那帥棋而存在。諸如此類的例，不勝枚舉。但歸結來說，雖然各有才能，但大家如只是一個精神、一個心，始能成就功業。因此「德」比「能」更重要。

三

教育的主要功能，便在每個人自己的德性上，使他自己有一分自覺。社會愈進步，分工愈細密。近人都説分工合作。整個工作好像一具大機器，每個人只是此大機器中一螺絲釘，人的個性便被汩沒，失去了自由。這是有絶大弊病的。照陽明思想來説，該把「分工合作」改爲「分工合德」。各人在社會上，可依其各自才能之不同，而作出各種不同之分工，但大家的道德是一致爲公的。這也就是陽明提出的那一個與生俱來的，以天地萬物爲一體的「良知」。因此他不主張以「功利」爲教，而倡導以「德性」爲教。他在拔本塞源論這篇文章中，所提及的史實，雖未必盡真，但最可貴的，在他能以良知真理來描繪出一個理想的「烏托邦」。論其遠源，頗與古代小戴禮記禮運篇相近，但禮運篇只空懸一個理想，而拔本塞源論，卻從人類心性上出發，從教育上下手，逐步推進，禮運的理想社會，始有實際幾及之可能。近代西方人很看重經濟的分工，但於「合德」一點，卻沒有注意到。我認爲陽明的拔本塞源論可歸納爲四點來説明：

一、講良知之學，每易側重在個人方面，而此篇所論則擴大及於人類之全體。

二、講良知之學，每易側重在內心方面，而此篇所論則擴大及於人生一切知識、才能與事業。

三、講良知之學，每易側重在人與人之相同處，而此篇所論則同時涉及人與人之相異處。

四、講良知之學，每易側重在倫理問題的一部分，而此篇所論則同時是涉及政治、經濟、社會的一切問題上。

這雖然是一篇數百年前的文章，但對今日的社會改造仍然極適用。古今中外講社會思想的學者很多，但能夠像陽明這篇文章由道德講到事業，由個人講到大羣，而又能講得這樣精闢透澈的，實在並不多見。我最初十分佩服這篇文章，但在十年前又覺到朱子的中庸章句序，已發揮有此類意見，不過發揮得不及陽明那麼詳盡。由此可見，這類思想在中國很早以前便有，其後學者一步步發揮，到了陽明才到了最高點。我們看了這篇文章，再讀孔、孟以下諸儒著作，便可發現這思想是一線直下的。

四

其次我想談談王氏的四句教。這是討論哲學思想問題的。所謂四句教是：「無善無惡心之體，有善有惡意之動，知善知惡是良知，爲善去惡是格物。」這意思是說：當一個人靜的時候，心中完全如空白般，一點東西也沒有，所以說心之體無善無惡。但一與他人接觸，例如偶聽見敲門聲，心中便動出一意念，人心中一有意念，便有所謂善惡了。一個人的意念動了之後，他的心是能夠判別善惡的，這就是他的良知。他能依循良知做好的，不做壞的，這就叫做格物。這四句教是由陽明的大弟子錢緒山提出，他認爲陽明之學說主要盡在此四句。但陽明另一大弟子王龍谿認爲不對，他認爲「心」、「意」、「知」、「物」四者，均是「無善無惡」的。陽明聽了，對他們說：「你們兩人所說，乃各得我之一偏。中上之智的人，可依龍谿的話去修養。中下之智的人，則當依緒山的話循序漸進做去。」陽明最後對其他學生們說：「你們此後當依我這四句話去教人。」

後人對陽明四句教引起很多爭論，有認爲四句教的第一句「無善無惡心之體」當改爲「至善無惡心之體」才對。其實這種改法也是多餘的，因「無善無惡」就是「至善」的意思。比方說：人的眼睛沒有任何東西遮蔽的時候，就是他能看東西極清明的時候，因此人之心體在「無善無惡」的時候，也就是他能識別「至善」的時候。

五

可惜陽明早死，他的拔本塞源論與四句教未及詳細發揮，因此引起很多後學的人誤解和爭論。我認爲研究陽明之學，首當注意他的生活，因此第一步應當先讀他的年譜。其次我們當由他的文章來看他的思想。傳習錄一書，向來治王學者盡人皆讀。但傳習錄中對於四書、五經等古典籍很多徵引，一般人看起來仍是不方便。我覺得陽明之教不是專爲少數有學問的人來講的，而是爲大多數的一般人來講的，因此我曾經把傳習錄一書做一節要，把其徵引古籍的地方盡量省去，把一般人易看易懂的歸納爲數十條，與大學問節本合刊，這是爲求王學普及起見而作的。最後，我們研究陽明之學，不當忽略他的學問之流變及影響，因爲我們可以由他的流變和影響反過來瞭解王學的本身。正如我們可以由孟子、朱子、陽明等人的學問，來瞭解孔子一樣。因此浙中、江右、泰州……諸大支派的文字，我們也當細細研讀。

第三講

一

我今天的講題：「晚明諸儒」。上次講的是王學。王學流衍有三大派：一浙中，陽明之本鄉。一江右，即今江西陽明做官最久處。一泰州。浙中派有陽明兩大弟子錢緒山與王龍谿，講「即知即行」、「事上磨鍊」，然此講法亦有流弊。江西學派講「靜坐」，求發現「自我性體」，比較近於早期之陽明學。泰州學派王心齋，讀書不多，極似禪宗之六祖，將陽明「良知學」推廣成爲社會大衆之學，愚夫俗子，不識一字，皆可做聖人。如此則滿街皆是聖人，泰州學派於此處講得最徹底。良知之學日久生弊，成爲「僞良知」，不再有一客觀之標準。進言之，實即「狂禪」，他人無法批評。此後東林學派較爲謹嚴，復講朱子。不久明亡，學術思想受此大刺激，乃有急劇之變動。

二

今日所要講者，即是明末諸儒。儒學在中國，大家皆講孔子，似無歧異，然儒風則各時代均有不同。倘使我們要選擇一最合我們標準者，換言之，即我們今天最應注意的那一時期，我想應是晚明。我個人對這一時期的儒風最爲嚮往和崇拜。前人多稱美東漢，即如漢末三國時之管寧、田疇、諸葛亮、徐庶等，皆是了不起人物。實際上，儒家之風範與其學術，因時而異。漢與唐不同，北宋又與南宋不同。陽明之學固然有其流弊，但亦確有其貢獻。經東林學派再講朱子後，下及明亡，中國儒學仍極盛。若有人問：儒學方盛，何以會亡國？此問題不能以一個理由來作答。猶如古希臘有蘇格拉底、柏拉圖、亞里斯多德等大哲學家，仍不免於滅亡。歷史須多方面講方可。明亡後，學者親歷亡國之痛，無路可走，但絕處逢生，遂產生極偉之學術。今日我們則尚未有若晚明亡國之慘況。

明末讀書人首先反抗清兵，參加復興運動。儒生中年輕者，多投入此一運動中，反抗可分兩種：一是積極參加復興運動。一是消極不屈服，如殉節自殺者，各地皆有。若收集統計之，可謂是文化上一絕大驚人的反抗運動。反抗失敗，絕不屈服，多從容就義。第三種是與滿清政權不合作。此一運動，直延著清初一段長時期，此即晚明諸儒。或以砥礪氣節表示，或痛定思痛，自我深加反省，何以會亡國？何以有今日？作一上溯歷史之反省，結果造成新學術。因此講晚明學風，可說是從「講學」轉到「著述」之時代。

宋、明儒主要在「講學」，無規定書本、無客觀程度，猶如基督教堂中之說教，不過當時所講是「爲聖爲賢」之學。今人多誤用此二字，一切大學教育均稱講學，與原始講學實不同。講學實亦有其流弊，如王學末流即是。清人入主，嚴禁公開講學，晚明、清初諸儒乃自講學轉而爲「杜門著述」，此是一新風氣。而彼等又是以隱淪兼經綸。在中國歷史上，天下大亂時，學者多遁隱，如嚴光、管寧、陳摶、林逋等皆是，此皆近於莊、老一派。管寧是儒者，不得言其爲莊、老，然其行迹則同。晚明學者，其人雖隱淪不出，但仍在講治國、平天下，講經綸世業，其學卻極端積極，此乃晚明儒之特別處。而此許多人又有一特點，即均獲躋長壽。如孫夏峯卒年踰九十；黃梨洲壽至八十六，八十四歲時方寫明儒學案序。我曾謂晚明諸儒乃「各以堅貞濟耆壽，共憑篤實見光輝」。三國末年時人如王弼、何晏皆短命。蓋當時讀書人目睹時艱，多感傷消極，以致如此。明末諸儒則不然，意態積極，爲學篤實。清人入主後，此批學者不可能再於治平之業上發揚其光輝。然自另一面言，憑其篤實之學，可特見其人之光輝。明末諸儒因對歷史作一大反省，故其學博大精深。此點可自彼等之心情探求之。

三

若要講明末諸儒之生活，則均極清苦。確是艱貞刻勵，蔚爲時風。故晚明儒者最值得我們之崇拜。顧林亭先生講學問，舉出八字：做人要「行己有恥」，國已亡，不再是各人專講求如何做聖人的時代了，做人能知恥即已足。另方面要「博學於文」，因彼等當時所講者是一絕大問題，要研究中國何以有今日？此問題應自各方面來講。我現將顧氏此八字再加上兩句作成一聯，云：「行己有恥，踐履以聖賢立的；博學於文，講論以平治為心。」這可謂是晚明諸儒之共同學風。宋、明講學有一缺點，即太重在講自己如何去做一聖人。現在要轉重在治國、平天下，但行己有恥之目的，亦並未放棄要做一聖人。

另一學者顏習齋，他說他常要訪求「忠孝恬淡之君子，豪邁英爽之俊傑」。忠孝之人必然要走進此世界，不會去隱淪的。但現值亡國之時，雖是滿腔熱血，卻不許你進取，對此世界只能縮手，站在一旁。故忠孝又要能恬淡，同時又要兼為一豪邁英爽之俊傑。如東漢末年之田疇、士燮、諸葛亮、徐庶等，應可稱俊傑。有一部份儒家於道德上、思想上皆極偉大、極高明，然只是一介書生，即程、朱二夫子恐亦不出此。另一部份儒家如同王荊公、司馬溫公，皆懷治世之才，在大羣社會中有業績表現。而明末則是亡國亂世，因此要有豪邁英爽的風度，亦如三國諸俊傑般，始能站定、能邁步。我們惟有讀晚明歷史後，方能知當時諸儒之偉大。此即中國文化之偉大，亦見中國民族之耐力深厚。今日固然時代已變，但不一定較晚明時更壞。當時政權雖由異族掌握，然而在文化上，漢人不得不屈服，中國人終於再站起來。此皆有賴於晚明諸儒此種忠孝恬淡與豪邁英爽之偉大風度。

晚明諸儒皆堅決不與清廷合作，不肯出仕。在中國歷史上，讀書人出身仕宦，亦可謂是中國文化中一偉大節目。西方歷史上，無此意想，無此制度。中國讀書人因科舉後得官祿，亦連帶解決了自己生活問題。明末諸儒不參加科舉，不出仕，又如何解決生活呢？約略言之，有下列數途：

一入寺爲僧，如方密之等是。

一藉行醫過活，如傅青主、呂留良等是。

一務農爲生，如孫奇逢號夏峯是。夏峯是河北容城人，嘗辦團練，自守禦寇。清人入關，盡圈其地，乃舉家南遷，躬耕於夏峯山，時已九十餘，遠近士子競來學。

一爲教讀，如張履祥是。

呂留良除行醫外，復致力於批點八股文，此亦可濟生業。惟呂留良於批點中講朱子之學，滲入民族思想。雍正時，湖南曾靜得其書，深悟民族大義，遣其弟子至浙訪謁。時晚村已卒，曾靜乃遣人策動岳鍾琪，以武穆後反清。鍾琪上告，清廷因此大興文字獄。呂晚村至開棺戮屍。呂晚村生前家況較寬裕，曾延張履祥在家授讀，張氏亦通農事。其無所事事者，遂成苦隱，如陝西李顒號二曲是。

二曲未生時，父應軍役，遠至湖北剿流寇。臨行時，惟拔二齒遺其妻作紀念。二曲講陽明之學，卒成大儒。但生活極苦，人以其面常帶菜色，皆呼之爲「李菜」。隻身至湖北求其父屍，不得。東林書院特延之赴江蘇講學。後清廷置「博學鴻詞」科，求以籠絡大儒，屢徵二曲，以病堅辭。清廷命疆吏强舁至西安，二曲不屈，自殺以明志，終獲放還。二曲自言爲名所誤，深自痛悔。乃穿土爲室，入居二十年，不出土室一步。拒見任何來客，惟顧亭林先生過訪，始延下土室暢叙。二曲先生乃以其艱苦卓絶之修養動人，此種行徑雖與孔、孟不同，然可稱大聖大賢而無愧。二曲先生有四書反身錄。惟讀其年譜，尤令人心儀。二曲先生實爲晚明之偉大人物。

北宋有張橫渠，明末有李二曲，時人稱爲「關學」。關學下傳至清末，師承不輟。我在對日抗戰時，撰寫清儒學案，曾收集有幾十種關學之書，現當猶存於四川省立圖書館。

現再講到黃宗羲號梨洲，父尊素，乃東林名士，爲魏閹所害。梨洲入京申冤，欲刺閹豎，名動一時。清兵南下，梨洲嘗糾集子弟數百人起兵。並曾東渡日本乞師。明亡後，居家著述。後清廷詔徵博學鴻儒，辭不就。未幾，開明史館，朝臣薦梨洲，亦拒之。然因國史大業，乃命其弟子萬季野赴京。季野於名刺上大書「布衣」二字，以示不仕清廷之決心。

顧亭林先生，江蘇崑山人。嗣母王氏，未婚守節，以亭林爲嗣，曾受朝廷旌表。明亡，清兵至，顧母絶食死節，遺囑亭林不得事二姓，故亭林終身不仕清。顧氏爲江東巨室，亭林外遊時，其家奴私售物業予鄉豪。亭林歸，擒奴殺之，因入獄。時亭林與同里歸莊交游，有「歸奇顧怪」之稱。及亭林事急，歸莊極力營救，求援於錢牧齋。牧齋欲亭林投門生帖，歸莊私書刺予之。亭林聞知大憤，揭帖申辯。牧齋語人：「何寧人之卞也！」事息後，遍遊北方諸省。旅途中常隨二車，滿載圖籍。詳考各地山川形勢，人情風俗。其二甥徐乾學、元文兄弟，仕清爲顯宦，亭林不屑與交往。某次在京，徐氏兄弟嘗延亭林夜飲，亭林怒曰：「惟納賄與淫奔，始於夜間行之」，不顧而去。其操持清介如是。亭林又請賜刀繩，堅拒博學鴻詞之召。

湖南人王夫之，號船山，父爲盜所執，船山求以身代，乃得脱。著述甚豐，洪、楊亂時，曾國藩弟兄始代爲刊行。船山隱於南嶽衡山方廣寺，其地荒僻，人跡罕至。

我們講晚明諸儒，首應瞭解彼等之生活。當自其生活經歷，來探知其情感、意志之所寄。晚明諸儒正式從事做學問，皆是三十歲以後事。清兵入關時，彼等正年輕，多從事反抗工作。亡國後，惟有死路一條，然堅苦卓絕，終不屈服，開始埋頭做學問，冀於學術上另闢天地，重待來日之光明。

四

清初人稱孫夏峯、李二曲、黃梨洲，爲明末三大儒。蓋當時陽明學派仍盛，此三人乃上承陽明之學者。清末革命運動勃興，時人稱晚明三大儒則爲顧亭林、黃梨洲與王船山。清末國粹學報宣揚晚明諸儒，對清末革命有大貢獻。辛亥革命，實非完全受外人影響，且當時人對西方情形，並不十分瞭解。清末中國讀書人之參加革命，可謂其大部分乃靠晚明此一段可歌可泣的歷史之感召。「五四」以後，談晚明諸儒者始漸少。

我們講儒學，當將「學術」、「人格」與「時代」三者聯繫一起講。明亡時，諸儒之悲痛心情，以及彼等之生活實況，我們今日實應效法。讀晚明諸儒之信札、年譜或文章，可予人極大鼓勵。故講中國儒家，晚明諸儒甚不當忽。

第四講

一

今天我們仍接講顧亭林先生。他曾在山東章邱長白山，與山西雁門兩地分別派人去墾荒。有人說山西票號創自顧氏，惜無詳史講此。他後來欲卜居陝西華陰，當時華陰是西北交通孔道，居此可知天下事。亭林晚年實仍有一待天下變即準備起事之心。

清初諸儒除前述隱遁者外，復有游幕者。此輩在隱仕之間，但心不忘故國，仍可說是避世不出之學者。

徐乾學編修一統志，無錫顧祖禹即遊其幕。祖禹寫有一部最偉大之讀史方輿紀要，其書專考述中國之軍事地理。凡一村、一店、一溪、一山，皆詳記之，即今日最詳細之地圖，亦絕無此書之詳細。此書極重要，驟讀，每不知其用意所在。因中國人通常有一理論：「北人征南易，而南人克北難。」祖禹此書有一重要點，即啟示於任何一地，皆可起而革命。其成敗關鍵在用兵進取之方，與起事之地域無關。此書最大用意，即是作爲將來起義者之參考。顧氏著書實際上之目的應在此。三藩亂時，顧氏曾在耿精忠軍中，欲有所作爲。失敗後，方廢然返家。其參加一統志局，亦爲便利自己著書。

顧氏讀史方輿紀要一書，直至道光年間始刊行。在此以前，每一鈔本需白銀四十兩，無錫人多有靠謄寫此書爲活者。我在民國二十四年間，獲見有讀史方輿紀要顧祖禹之手稿本，發現今刊本多將忌諱處刪去。今此稿尚在上海，惜未見刊行。抗戰前日人甚重此書，戰時行軍，時師其意。當時在華北之國軍，只知沿平漢鐵路佈防。日兵自天津經涿州，逕抄中國軍隊之後方。又國軍沿京滬線屯駐，日兵由杭州經廣德，轉撲蕪湖，迂迴叩南京。此等路線，讀史方輿紀要中，皆詳載之。可見時代雖異，戰爭地理形勢仍無大變。吾人據此數點來講，可知明末清初學者之偉大處。

二

上面所講，爲晚明諸儒生活志節之一方面。現再講第二部份，即彼等之爲學。晚明三大儒，清初指稱孫夏峯、李二曲、黃梨洲三人，因此三人皆講陽明之學。清末時人改以顧亭林、王船山、黃梨洲爲晚明三大儒，因此三人在學術上皆曾有極大貢獻。

其中黃梨洲一人，始終被認爲是三大儒之一，故現先講黃梨洲。黃氏最負盛名之著作，即是明儒學案。是書之序作於其八十四歲時，已老病不能書，口授其子寫之。觀其序，可見梨洲晚年為學宗旨。其文曰：「盈天地皆心也。變化不測，不能不萬殊。心無本體，工夫所至，即其本體。故窮理者，窮此心之萬殊，非窮萬物之萬殊也。」宋明陸王之學，最重要是講吾人之「心」，程、朱亦言「心要在腔子內」。今梨洲轉言「心即在天地間」。如此，則將心轉放到外面去。本來一桌、一椅、一房、一室，其中皆有人之心在。人心可參天地，天地中，莫非有人心之表現。故天地變化不測，此心亦遂而萬殊。此其一。從來言心都喜言「心體」，梨洲轉言「工夫即本體」。梨洲此序，可謂已是朱、王合參。朱子主「即物窮理」，如講政治、經濟，或講科學、文學，人心各殊，所講學術亦萬異。如此講心，講到外面天地萬事萬物方面去，也即是在「變」與「殊」上講此心。此項工夫，亦非宋、明儒靜坐工夫，而是種種學問、事業皆已包括在此工夫中。如此講法，可接陽明拔本塞源論，然卻不同。即觀上引數語，可知當時做學問路子已變。

黃氏又云：「讀書不多，無以證斯理之變化。多而不求於心，則為俗學。」自宋人以下講格物窮理，「心即理」、「性即理」，此「理」乃指最後一個最高之理言。現在看理有變化，今日之理可與昨日之理不同，此處之理可與彼處之理不同。如此窮理必須讀書，讀書不多，無以證斯理之變化。於是遂走上求知、多讀書之路。但讀書仍要返求於心，否則即是俗學，此仍是一舊傳統。梨洲講爲學應多讀書，但如何讀法？彼又舉出二點：一是「窮經」，經學爲吾人爲學之本源，可是經學立吾人之體，不一定合吾人之用。故黃氏又講另一點，即要「讀史」。「心性」之學，是在講堂上講如何做一個聖人，大家皆可講。現在是要走進書齋，實實在在去讀書。宋、明講學風氣，至此可謂斷矣。梨洲上承陽明，然能變化王學，不再墨守。

梨洲另有一部明夷待訪錄，清代列爲禁書，清末又再刊行，人爭購閱。「明夷」爲周易箕子之卦。商亡，箕子逃朝鮮，周武王嘗召之，諮以治平之道。黃氏表示，自己身爲亡國之民，所以著述，蓋備他日復興者之用。首三篇爲原君、原臣、原法，講爲什麼國家要有君、臣、法。此乃政治學上之大問題，是一政治上最高原理之發揮。置相篇講將來中國政府之政制組織，主張中央政府組織仍應有宰相。學校篇講清議應在學校。取士篇講選舉制度。建都、方鎮二篇，論國家如何進取與防禦。此外尚有田制、兵制、財計諸篇，皆屬政治上幾個主要項目。其首三篇最爲人注意。西方盧梭民約論中所講之理論，中國人自孔、孟以下，早多講及，梨洲此書講得尤極透澈。立君之意是爲天下，天下非一人可治，亦非一君所私有。清末人受明夷待訪錄影響甚大。梨洲講窮經、讀史、政治、建國諸方面，題目大，理論高，確是能見其大者。

三

次講顧亭林先生。亭林爲江蘇人，梨洲爲浙江人。浙人有陽明傳統，講理學。江蘇有東林學派，轉講經濟。顧氏嘗云：「舍多學而識，以求一貫之方；置四海之困窮不言，而終日講危微精一之説」，此二語可謂是當時提倡新學風之二大標語。孔子云：「吾道一以貫之」，宋、明人講學多偏重在此。然非「多學而識」，何從來求「一貫」？宋、明儒講心學，喜引尚書之「人心惟危，道心惟微；惟精惟一，允執厥中」四句。清兵入關，正所謂「四海困窮」之時，不能再成日求自己如何做聖人，該講求將天下如何安頓。由此二語，正可見其時學風之變。亭林又云：「有亡國，有亡天下。」易姓改號謂之「亡國」，「亡天下」是將一切做人道理忘了。保國必先保天下，保天下，匹夫之賤，皆有其責。此即所謂「天下興亡，匹夫有責」。三百年來，此語已爲每一中國人所熟知。

宋、明儒皆講如何做聖人。此一風氣，乃自佛教轉來。佛教講求使人如何出世做佛。宋、明儒教人如何入世做聖人，且此聖人須大家來做。一個端茶童子於端茶時，能目不旁視，克盡職責，此即是一聖人。因若使孔子來做，亦不過如此。此等話固不差，然宗教意味太重，且教人不讀書。明亡後，不能再關門大談做聖人，而要看如何處天下事。此時若再不讀書，僅講做聖人，是爲無本之人講空虛之學，其去聖人也必益遠。顧氏主張，乃是將宋學所講翻過來了。

亭林在年輕時，作有天下郡國利病書。研究當時各地利病所在，此書在歷史上價值當極高。

書中對晚明全國各地利病，皆加論述。如江蘇講太湖水利，雲南講開礦問題，陝西講驛站問題等。猶如我等今日在香港，亦應知香港重大問題何在。讀顧氏此書，可知「多學而識」之義。每至一地，即知一地民生之利病。每讀一書，即知此書對當時社會有何影響。自此處，吾人可看出當時學風，已與程朱、陸王時迥然不同。

亭林先生之次一巨著是日知錄。書題含意，即爲吾人每日應知自己之所不知者。此書分爲「經術」、「治道」、「博聞」三部份。「經術」即梨洲所主張之「窮經」，「治道」即梨洲主張之「讀史」，「博聞」是其他各方面知識。此書是一條條筆記，在講做學問之方法門徑，及探討晚明亡國之原因方面，其價值皆極偉大。日知錄亦如明夷待訪錄，皆作備他日興王之用。

顧氏另有一部音學五書。亭林嘗自言：「君子之爲學，以明道也，以救世也。」故其爲學講經術、講治道。但顧氏爲何晚年寫成此書？彼自云：「嘗歷三十年，稿凡五易，手書三次方成。」亭林對此書極自滿意，此書對後世影響亦大。蓋此書考證出以前周、漢、隋、唐人之古音。此種考據之學，可考知二千年前人之口音，真是奇怪，匪夷所思，可謂是極合科學方法的。如此一來，以後遂羣相走上此路，成爲清代之「考據學」。人嘗問亭林：「別後日知錄又成幾卷？」亭林覆云：「反復尋究，一年中只得十餘條而已。」可見其著書之認真與專精。

第五講

一

今天續講王船山先生。倘我們以顧亭林爲經學家，黃梨洲爲史學家，則王船山應是一哲學家。因他的主要貢獻在思想方面。但一世瞑然，直至清末，始漸爲人知。船山曾作正蒙注，彼之思想，主要乃自張橫渠來。我讀過他的全書，想爲他做一篇思想的年譜，惟因找不出他注正蒙的年代，後遂擱置。我認爲船山之思想中心，主要由正蒙來。

宋人講理學有二大綱：一「理氣」，一「心性」。朱子雖二者皆講，但他實際是上承二程，故所講亦重在心性。且程、朱講「性即理」，轉過來說，亦可說「理即性」。因此講理氣仍當歸重於心性。中國人講人生最高境界爲「天人合一」，此一境界，若自心性講，每一人各自可以盡性知天做成一聖人。此種講法，甚富宗教意味。若講理氣，「氣」不是個人的問題，應是時代的、社會的、世界的，乃及宇宙的。由此來講天人合一，途徑自會不同。橫渠正蒙，心性比較少於講理氣。換言之，他所講宇宙論較多於人生論。因此橫渠實非宋學之正統。二程在當時，對橫渠亦非十分相契。陸、王專講心性，更不用說。直到船山，始是講理氣多，講心性少，故其思想系統顯然遙接橫渠。當然可說人同此心，心同此理。此種講法，仍是偏於個人。開始若即講理、氣，則自會偏重到大羣。因心性在內，理氣在外。孟子亦兼講心與氣，然亦是偏重在心。如要在人生問題上講氣，如：「風氣」、「氣運」，此等皆不關於個人，而是屬於一個時代的，偏向在外了。自此點言，船山不似程、朱，更不似陸、王。船山因多講理氣，便多講治國、平天下。重在向外一邊，而較少講到個人如何作聖之一途。我們又可說，從氣中去求理，是屬於靜的一面的。從理上來論氣，則屬於動的方面多了。船山思想與宋、明儒學大統相異，此是第一點。

第二點，宋儒經程朱、陸王，而偏重在講四書。船山當然也講四書，卻很看重講五經。先秦儒家經典，只有二書多講氣與宇宙，一是周易，另一是中庸。偏重在講氣，乃是走周易、中庸的道路。橫渠年輕時嘗謁范仲淹，仲淹命歸讀中庸。中庸爲小戴禮記中之一篇，故橫渠喜講易與禮。亦可謂橫渠是愛講氣與禮的。程朱、陸王可謂是喜講孔、孟之「仁」。仁、義在內，屬個人方面者多。禮、氣在外，屬社會大羣者多。因此自橫渠至船山，亦可謂是宋、明理學中偏重向外一條路的。船山所講，亦可說是重禮過於重仁。此是船山思想與宋、明儒學大統相異之第二點。

船山有讀通鑑論，在清末成爲人人都讀的一部書。此書中評論歷史之側重點，亦與日知錄、明夷待訪錄不同。船山喜講「時代風氣」、「時代人心」。此兩者相互爲因果。人心可以造成風氣，風氣可以影響人心，如此講歷史，較之偏重講制度與經濟等不同。讀通鑑論後又別附宋論，船山在此書中特別表示出他之民族觀念。北宋亡於金後，明亡於清。清爲金後，故宋論中特重民族思想，亦以反映他自己的時代。船山由人心來講歷史，主要亦非由個人來講，而是著眼在從一個時代來講，仍是偏向在外的。

船山因注重講歷史，因此他主張自事中來辨理。歷史上的「事」，即猶宇宙之「氣」。中國人所講「氣」字，其內涵意義本包括甚廣。要之，是落實來講的。程、朱講「性即理」，陸、王講「心即理」，雙方所重皆在求此「理」。此理則爲宇宙間最高之理，此理應是超乎「事」之外，出乎「氣」之上者。明此理後，始可做聖人。現在船山所講之理，則爲自氣中求理，事上求理。每一事中皆有理，每一時代亦莫不各有理。明代何以終於亡國？在此事後，必有一理存在。若求得此理，此下應如何做法，自有一著落。「器」是形而下者，但「形而上之道」即在此「形而下之器」之中。做事中即有理，理必見於事，不當超乎一切事之外去懸空求此理。講理應自一切事中講。朱子講「格物窮理」，他主張「即凡天下之物，莫不因其已知之理而益窮之，以求至乎其極」。現在轉了路向，要從歷史事變中來求理。此理雖不變，而在氣之內講理，在歷史之治亂興亡種種大事變上來講理，則此理便見爲是變的、動的，這即是史學了。故經學求「常」，而史學求「變」。船山之讀通鑑論所以在宋、明儒學大統內，便成一新趨了。

船山著述甚豐，講易有周易外傳，講詩有詩廣傳，講書有尚書引義，又有禮記章句。宋學程、朱、陸、王，莫不專側重在四書中，講幾個特出的字。船山思想則落實了，擴大了，故轉而講詩、書，講周易，講禮記，又轉回頭來注重講五經。後人可以說「六經皆史」，卻無法說「四書皆史」。此處可見船山講學與宋儒路向之不同。橫渠在北宋時，此種趨向尚不易見其特殊性。及船山出，而其特殊性方見。

船山既主在氣內求理，在事上求理，而不喜多講超乎事外者。因此船山講心性，亦從事上講，從歷史上之治亂興亡大節目處來講。如此講歷史，便是講的世道與人心。講人心之主要在講世道，卻不再在講每一人各自去做聖人。

船山思想之另一特點是他又兼講莊、老、釋家，因莊、老亦講宇宙論，亦偏重在講氣。佛家亦多講宇宙，多講外面的。船山雖是儒家傳統，然其所講，既轉而向外，故其書中往往參有道、佛二家之說，其思想系統可說極廣大。大學八條目，宋、明儒喜講「格、致、誠、正」，晚明則轉而講「修、齊、治、平」，向外落實，不懸空偏在理上，而注意落實到事上。此處可謂是晚明三大儒之共同點。可知當時學風，其實都已變了。

二

現要自晚明諸儒中，另舉出顏、李學派來稍講其大意。

顏習齋自其年世言，應比前述三儒稍遲，但亦並非太晚。習齋乃河北博野人。其父為朱姓養子，後受虐待，憤而隨清兵逃至關外，其母遂改嫁。習齋長於朱家，事其祖父母至孝。祖父卒後，方復顏姓。習齋是一生長在農村中的人，其後乃成大儒。讀其年譜，其感人處可比李二曲。習齋與其弟子李恕谷二人，後人稱為「顏、李學派」。此學派只有此師弟子兩人為生，其學不再傳。民國「五四」以後，許多人喜講顏、李，一時成為時髦之學。蓋顏氏極端反宋儒，不僅反陸、王，且反程、朱。習齋自云：「必破一分程、朱，始入一分孔、孟。」他認為孔、孟與程、朱，乃判然兩途。此可謂自來無一人敢如此講。習齋云：「若畫二圖，一為孔子之講堂，一為程子之講堂。前者壁間置弓、矢、樂器等，各生或讀詩、書，或討論禮、樂或奏琴，或操弓，所習不同。後者案上僅置書數本，各生惟閉目靜坐而已。」此話所論固甚當。朱子常教人：「半日靜坐，半日讀書。」習齋認為此二語害盡世人，靜坐使人皆成病弱人，讀書使人鑽入故紙堆中，成為無用人。故習齋謂宋學乃是「率古今之文字，而食天下之神智」，著書不過是「空言相續，紙上加紙」。此乃對宋明理學一極端的反動。宋人講學主靜，習齋則主張要「動」不要「靜」。不止要用「心」，且須要用「身」。故自名為「習齋」，一切要經習，要用心、動、身來習。習齋嘗云：「若天不廢予，則將以七字富天下：『墾荒、均田、興水利。』以六字強天下：『人皆兵，官皆將。』以九字安天下：『舉人才，正大經；興禮樂。』」所謂「大經」，即是孔、孟儒家的思想與道德。

習齋一生在農村，其學外人鮮知，亦從未與外地學術界接觸。至李恕谷欲廣傳乃師之學，前往北京。見當時名儒學者皆來自南方，遂再南下。其講學態度漸與習齋不同。時浙人毛西河，為當時之經學家，又講陽明之學。恕谷與之論禮樂，大為折服，拜西河師。明末，朱舜水逃日本，他熟知禮樂衣冠文物，用以教化日人。要講禮樂，必然要轉向實事實物種種形而下的「器」上面來。習齋乃一鄉村老農，他之所講其實也是空言。如「興水利」應如何興？顏氏既不主張多讀書，此事便不易講。如顧亭林之天下郡國利病書，如胡渭之禹貢錐指等，皆須多讀書來。

宋、明理學固與先秦儒有不同，然就大傳統論，不能不說是一脈相承。到明亡後，此時做學問人，不願再一意閉門只求做聖人，要轉而講治國、平天下。顧亭林、黃梨洲、王船山，早已走上了此路。由虛轉實，與宋、明儒大傳統，專講如何做一個聖人的意味，實已大大不同了。當時在學術上早已開闢了新路向，卻不必再回頭來一意要打倒舊傳統。習齋初學陽明，後轉朱子，其後遂一意反宋。讀其年譜，可見其意志之强，操守之堅，誠為篤實可愛，亦可謂是一聖人了。然若專以學問見解論之，似不能與上述三大儒相提並論。他謂程、朱與孔、孟為絕然二途，亦終是一偏見。

「五四」以後，大家要打倒「孔家店」，因顏、李反程、朱，遂多喜講顏、李之學。此亦風氣使然。習齋一生寫有四部書：即存學、存性、存治、存人，統名之曰四存編。抗戰前後北平有「四存學會」，即提倡顏、李之學者。

顏學至李而大，然亦可謂及李恕谷出，而其學即廢。今且舉李恕谷語，可以看出顏、李學派之重點所在，實與船山所講「理見於事，道見於器」之說並無大殊。恕谷謂：「理即在事中，今曰理在事上，是理別爲一物矣。」此正是宋人與明末人講學之大不同處。理見於事，即在事中。若言理形上、氣形下，理超乎事上，則理成爲另一物。西方人講哲學喜憑空講，如言未有飛機，先有飛機之理。此如柏拉圖講世上之一切圓，乃自一最高理念之圓而來。此說成爲先有了「抽象」而後產生出「具體」。其實此等說法，絕難證明。理亦該有新生，並不能預先有一理在。故船山又謂：「人性日生日成，非天生即如是者始謂性。」如種一粒麥，初時固有其原性在，成長後，卻與初生時不同。故即人性亦不能盡從其開始處講，而亦應自其完成時講。理亦不應專自事前講，兼應自事後講。

明亡以後，人人不再講此最先最高之理，亦不再只求做一聖人。此是顏、李亦無能自異的。但因清初厲行高壓政策，治平之學亦不能講，於是遂下轉爲乾、嘉時代之經學，專在故紙堆中講考據、訓詁，與儒家精神更不相干，故略而不談。下次將講道、咸、同、光時，西方思想傳入中國後之學術界情形。

第六講

一

今天是「明清思想」的最後一講。前述諸儒皆可說是晚明時之學者，其中顏習齋，人雖可說在清代，然其心情則仍是晚明的。此後滿清政權日益穩固，中國社會亦趨於安定。一般讀書人，不得不出應科舉，在政治上與清廷合作。在清廷高壓政策下，只有作一逃避現實之畸形發展，遂成為後日乾、嘉考據之學。實則自明末始，學術界已漸走上此路，不過乾、嘉是其全盛期。此種考證學，論其淵源，則仍自明人之學而來。

例如大學有兩種本子：一古本，一朱子改定本。朱子將古本大學斷章句，分經傳，重加改定。認為其傳中亡逸一章，乃為「格物補傳」。及王陽明出，主復古本，是即所謂「校勘學」。其次如大學經文曰：「大學之道，在明明德，在親民，在止於至善。」朱子引程子說：「親，當作新。」此二字在古籍中，誠有時相混用，但究是「親民」抑「新民」?仍是一校勘上問題。

朱子大學格物補傳，其主旨在「格物窮理」，而尤以「格物」二字最為重要。此二字應如何講？此乃訓詁學上之問題。僅在明代，「格物」二字即有七十餘說。著名者如「淮南格物說」，爲泰州學派所主張。直至清末，「格物」二字之釋義，仍爲人所爭辯。

大學朱子注又云：「右經一章，蓋孔子之言，而曾子述之。其傳十章，則曾子之意，而門人記之也。舊本頗有錯簡，今因程子所定，而更考經文，別爲序次。」然此說確否？清乾隆時考據學大師戴東原，十歲時就讀塾館，讀大學至此，問師曰：「此何以知爲孔子之言而曾子述之？又何以知其爲曾子之意而門人記之？」師應曰：「此先儒朱子所注云爾。」即問：「朱子何時人也？」曰：「南宋。」又問：「孔子、曾子何時人？」曰：「東周。」「東周去宋幾時？」曰：「幾二千年矣。」「然則朱子何以知其然？」塾師無以答。如此追求即爲考據之學。乾、嘉經學所著重者，即在此訓詁、考據與校勘。宋、明人所講，自謂根據五經、四書述孔門之道。清初人毛奇齡即著四書改錯，分三十二門，四百五十一條，合二十二卷，駁改朱子之錯。我在年輕時，曾讀此書，心中受甚大影響。其首條言「四書」二字即錯，大學、中庸本小戴禮記中之二篇。此亦是一種根據。宋人重要在講義理。然既謂是古代聖人之義理，則古代聖人是否曾如此講？此亦是一大問題。

顧亭林首即指出：「經學即理學。捨經學安所得理學者？」欲做聖人須依聖人之言，依聖人之言須讀聖人之書。如此便將宋人講理學的道路，轉到經學的訓詁、考據、校勘方面來。而三者中最重要者，則是訓詁。亭林以後清儒又講：「訓詁明，而後義理明。」後人讀二千年前之書，古人或不如此講，因此必有賴於訓詁。清人特重爾雅、說文二書，如此一來，偏重在講文字學、訓詁學方面去，學問遂走上了另一條路。漢人治學有師承，其時代去聖人近。宋人則去聖人遠，程、朱自謂其學乃直接孔、孟而來，所講者爲「不傳之絕學」。清人不以爲然，主宗漢人，故稱宋、明人之學曰「宋學」。而自稱是「漢學」。如此則門户漸分，直到現代此種門户之見依然存在。

二

古經籍經清人用訓詁、考據、校勘諸法整理一過後，予今人極大便利。然清人完全爲讀書而讀書，究竟去義理日遠，甚至於不相干。如論語第十篇鄉黨篇最爲難讀，清人江永（戴震師）著鄉黨圖考，詳考古代衣冠文物，飲食起居，與宋人喜言義理，途徑大別。實則江永極佩服朱子，在江意亦欲格古代之物耳。

宋人講心性之學，晚明講治平之學，清人講訓詁、考據之學，漸至於個人、社會毫無關係。乾、嘉爲有清盛世，學人尚可孜孜矻矻，埋首致力於此。道、咸而降，頹勢漸著，即乾隆末年，衰象已呈。於是有人出而反對當時之考據學，此人即章實齋，力斥戴東原攻擊朱子之非。實齋前承全謝山，謝山上接黃梨洲。實齋與東原之異同，若上溯之，即「浙東學派」與「浙西學派」之異同。實齋謂明末顧亭林乃浙西之學，源自朱子。梨洲乃浙東之學，來自象山。故浙東、浙西之異同，亦即南宋時朱、陸之異同。實齋又云：「宋儒有朱、陸，千古不可合之同異，亦千古不可無之同異也。」東原考據之學乃源自亭林，亭林之學本自朱子，而東原力攻朱子，實齋以此深責東原，此意亦甚當，蓋漢學實不過爲朱子治學之一支流耳。

浙西之學自亭林而下成爲經學，浙東之學自梨洲而下成爲史學。實齋曰：「浙東言性命，必究於史。」講人性，講天命，當以長時期之歷史作根據。實齋又云：「史學所以經世。」此處便要轉向晚明治平之學的路上去了。

清儒謂：「孔子之道在六經。」因此必博古尊經。實齋則說：「道在事物。」此意頗與王船山、顏習齋二人所講相似。實齋云：「舍天下事物、人倫日用，而守六籍以言道，則固不足與言道矣。」「道」應自天下事物、人倫日用處講。換言之，道不在書本上，而在此世界上。此一講法，乃以史學精神來替代經學。然則六經應如何講？實齋云：「六經皆史也。」近人皆喜講實齋之史學，但說此「六經皆史」之「史」字，乃指「史料」言，此實大誤。實齋講「史」並不如經學家考據講法。實齋又說：「六經皆先王之政典。」此始是「史」字之確釋，蓋謂古代官府中之檔案便是「史」。今日若欲研究六經，毋寧至官府中研究所存之檔案。官府中胥吏所掌，對整個國家政治、經濟各方面問題極有關係。治六經者，乃脫離時事來空言講理，豈非大誤?此可謂是實齋最偉大之理論。

實齋之學，並不爲時人接受。然龔定菴思想實承實齋而來，梁任公清代學術概論嘗譽定菴爲當時學術界之彗星，因定菴倡新經學，即所謂「今文經學」。而其父闇齋，爲常州學派劉逢祿之甥，又爲段玉裁之女夫，故定菴年十二，即得聞其外祖之小學。年二十八，又從劉逢祿受公羊春秋。稍後當嘗讀章實齋之書，其所受影響乃至深，遂形成定菴此後之思想。此點向無人言及，我在近三百年學術史中始詳發之。與定菴同時者有魏源，號默深，人稱「龔、魏」。定菴講時王之學，實即來自實齋。默深有海國圖志等書，亦主與時代配合。於是在經學中特重孔子春秋，講春秋又要講公羊之「微言大義」。求通天道人事，而歸趨於論政，然後方可用之以經世。故龔、魏可謂乃將實齋思想接上了今文經學者。

三

道、咸而後，國事日非。近人都謂西方勢力侵入後，中國方變。實際上，若西方勢力不至中國，中國歷史演進至此，亦必要變。斯時清政腐敗，無力再壓制。讀書人始又挺身出而主張變法、廢科舉。若上溯言之，顧亭林日知錄中，早已指出科舉之弊。毛西河著四書改錯，摹印未及百部，聞清廷復尊朱子，懼罹禍，遂毀其版。可見清代學者反對朱子，實爲反對清廷尊崇一家以鉗天下之口。廢科舉之議，又於洪、楊亂前重起。經鴉片戰爭、太平天國、中法戰爭諸事件後，中國更需大變。

當時舊的學問集中於江、浙、皖一帶。七部四庫全書，有四部分存在揚州、鎮江、南京及杭州。洪、楊亂後，文籍蕩佚，訓詁考據之學中斷，然學術風氣則仍在講經學。學風轉移，非有一代大師出面而領導不可。明末三大儒幾耗畢生精力，埋首治學，方能扭轉學風。道、咸之世，社會上亂象已顯，學者迫於應變，並不能潛心做學問。於此情勢下，清末遂出二大師：一康有爲，一章太炎。但此二人並不能領導今日中國之學術界。

江蘇揚州人阮元，爲戴東原弟子，曾任兩江、兩廣總督。在浙江杭州建有詁經精舍，至廣州後復辦學海堂，提倡經學。章太炎乃詁經精舍學生，康有爲乃受學海堂影響。

章太炎師俞曲園，曲園致力於訓詁，故太炎亦長於小學。後太炎以參加革命被捕，在獄中研讀佛經。獲釋後，東渡日本，時中國留日青年多從其學。在日本，太炎始觸及世界新思潮。乃作訄書，中有訂孔篇，肆力攻擊孔子。此書至晚年時，未收入章氏叢書中，蓋亦深悔其早年狂妄之不當也。

康有爲在廣州萬木草堂講今文經學，著名弟子有梁任公。有爲見外人有耶教，遂尊孔子爲教主，講詩、書等經籍，皆謂乃孔子所作，意在託古改制，爲漢立法。漢人尊孔子爲「素王」。康有爲字長素，欲比孔子尤長一級，此實甚謬。

章太炎佩服顧炎武，故名太炎，意欲較亭林更高。其最佳作當推檢論，乃在民國後遭袁世凱幽禁在北京錢糧胡同時所寫。

康有爲著孔子改制考、新學僞經考等書。其大同書較諸今日之共產思想，尤爲極端。

抗戰前立法院長爲胡漢民，委員有負譽一時之吳稚暉、蔡孑民、張靜江諸人。某次開會時，曾動議討論夫婦結婚應否有一年限問題。此種思想出諸此數位知名人士之口，今日思之，似乎不敢想像。其後潘光旦於其所著書中引錄有此一段記載。此輩負責中國最高政治者，在學術上，實未能予人一條新路，根本無有一套源源本本之知識與理論。

近代中國學術界實承清末而來。民初中大教授柳翼謀，曾撰文論胡適之倡導「新文化運動」，乃淵源有自，蓋康有爲、梁啟超、章太炎三人已發其軔，故「五四運動」亦非突然而起。在嘉、道以後，主張變法者，皆尚熟知當時典章制度利弊何在。清末以後，留學生自國外歸來，多放言高論。尤其如康有爲之大同書，試問豈能見之實施？倘使清代開基僅有二、三十年，則日知錄、明夷待訪錄等書，確可作爲當時政治、經濟上之參考準則。惟如康有爲講公羊，而又主張保皇，已極不通。又詆劉歆僞造羣經。章太炎則謂劉歆賢於孔子，荀子賢於孟子。如斯之論，皆極荒謬。「重行估定一切價值」，此一口號，實於康、章時，即已開始。康有爲提出禮運大同篇，實遠不如程、朱選出大學、中庸較爲妥當。康有爲之大同書，對今日影響至巨。我並不要菲薄此二位時代學者，但於今日，一定要有真學術，方能開國學文化之真前途。今日亦可謂是一悲哀時期，將來希望能有一小康之局，方能有真學術出現。

國家圖書館出版品預行編目資料

學術思想遺稿 / 錢穆作.--臺北市：素書樓
文教基金會出版：蘭臺網路總經銷，民89
面；　　公分.--（中國學術小叢書）

ISBN　957-0422-23-8（平裝）

1.學術思想-中國-論文，講詞等
2.哲學-中國-論文，講詞等

112.07　　　　89017164

中國學術小叢書

學術思想遺稿

作　　者：錢　穆
出　　版：素書樓文教基金會
　　　　　蘭臺網路出版商務股份有限公司
總 經 銷：蘭臺網路出版商務股份有限公司
地　　址：台北市中正區懷寧街七十四號四樓
　　　　　電話（02）2331－0535
　　　　　傳真（02）2382－6225
網路書店：www.5w.com.tw
E－Mail：service@mail.5w.com.tw
出版日期：中華民國 89 年 12 月
定　　價：新臺幣 190 元

ISBN：957－0422－23－8